――歴史と教育――

千原 英之進
小峯　力
深山　元良

学文社

目　次

1　勝利なき平和 ………………………………………………………………………… 1

2　ライフセービングの歴史 …………………………………………………………… 5

 2.1　日本におけるライフセービングの歴史 ……………………………………… 5
  2.1.1　赤十字とライフセービング ………………………………………………… 5
  2.1.2　ライフガードクラブの結成 ………………………………………………… 7
  2.1.3　国内ライフセービング活動の組織化 ……………………………………… 7
  2.1.4　豪日文化交流とライフセービング ………………………………………… 8
  2.1.5　ライフセービング指導者誕生 ……………………………………………… 9
  2.1.6　国内・外における組織の統一化 ………………………………………… 10
  2.1.7　日本ライフセービング協会・法人化設立 ……………………………… 11

 2.2　オーストラリアにおけるライフセービングの歴史 ……………………… 12
  2.2.1　ロンドンでのライフセービングの始まり ……………………………… 12
  2.2.2　オーストラリア・ロイヤルライフセービング協会 …………………… 13
  2.2.3　サーフライフセービングクラブの設立 ………………………………… 13
  2.2.4　サーフライフセービング協会 …………………………………………… 16
  2.2.5　ボンダイビーチでのブラックサンデー ………………………………… 18
  2.2.6　デューク・カハナモク …………………………………………………… 20
  2.2.7　ライフガードの誕生 ……………………………………………………… 21
  2.2.8　女性とサーフライフセービング ………………………………………… 22

3　ライフセービング競技の歴史 …………………………………………………… 25

 3.1　日本におけるライフセービング競技の歴史 ……………………………… 25
  3.1.1　日本における競技会のはじまり ………………………………………… 25
  3.1.2　「ライフガード大会」から「ライフセービング選手権」へ ………… 27
  3.1.3　学生選手権・全日本選手権 ……………………………………………… 28
  3.1.4　国際大会 …………………………………………………………………… 29
  3.1.5　我が国初の世界選手権（RESCUE'92） ………………………………… 30
  3.1.6　2002年　世界選手権（アメリカ）における参加辞退の理由 ………… 31

3.2　オーストラリアにおけるサーフライフセービング競技の歴史……………33
　　3.2.1　サーフカーニバルの始まり……………………………………………33
　　3.2.2　それぞれの競技種目の始まり…………………………………………34

4　ライフセービングの現状と展開……………………………………………44
　4.1　国際ライフセービング連盟…………………………………………………44
　4.2　日本のライフセービング……………………………………………………45
　　4.2.1　日本における実情と課題………………………………………………45
　　4.2.2　日本ライフセービング協会（JLA）──日本を代表するライフセービング組織──……46
　　4.2.3　大竹サーフライフセービングクラブ…………………………………47
　　4.2.4　日本体育大学ライフセービングクラブ………………………………49
　　4.2.5　ライフセービングの必要性……………………………………………50
　4.3　オーストラリアのライフセービング………………………………………53
　　4.3.1　オーストラリア・ロイヤルライフセービング協会（RLSSA）……53
　　4.3.2　サーフライフセービング・オーストラリア（SLSA）………………55
　　4.3.3　マンリーライフセービングクラブ……………………………………58
　　4.3.4　オーストラリアにおけるコーチ養成プログラム……………………64
　　4.3.5　オーストラリアのサーフライフセービング競技のトレーニング…69

5　レスキューとスポーツ………………………………………………………76
　5.1　レスキューとしてのライフセービング……………………………………76
　5.2　ライフセービング競技の意義と実際………………………………………80
　　5.2.1　競技種目とその有用性…………………………………………………80
　　5.2.2　ゴール直後に要求される心肺蘇生……………………………………81
　5.3　スポーツとしてのライフセービング………………………………………83
　　5.3.1　ライフセービングとスポーツ…………………………………………83
　　5.3.2　ライフセービング競技における価値…………………………………86
　5.4　ライフセービングのSURF（海）種目……………………………………88
　5.5　ライフセービング競技のSTILL WATER（プール）種目………………93

6　ライフセービングと教育 ……………………………………………… 95

6.1　生命教育としてのライフセービング ………………………………… 95
6.1.1　学校教育における実際例 …………………………………… 98
6.1.2　学外教育（臨海学校）における実際例 ………………… 101
6.2　サーフライフセービング・オーストラリアのジュニア・プログラム ………… 105

7　ライフセービングの知識・技術 ……………………………………… 119

7.1　海の知識 …………………………………………………………… 119
7.1.1　波のでき方と波の種類 …………………………………… 119
7.1.2　リップカレント（離岸流）とは ………………………… 121
7.1.3　波に対する技術 …………………………………………… 123
7.2　救助の技術 ………………………………………………………… 126
7.2.1　レスキューチューブによる救助法 ……………………… 126
7.2.2　レスキューボードによる救助法 ………………………… 127

あとがき …………………………………………………………………… 131

引用・参考文献 …………………………………………………………… 133

ライフセービング ──歴史と教育

1
勝利なき平和

　1917年1月22日上院において行われたアメリカ大統領ウイルソンの名高い演説の中に次のものがある。"現在の戦争はまず終らさなければならない。戦争を終らすべき条約または協商は，平和を生みだすべき条約をそなえねばならない。その平和とは，確保し維持する値打のある平和，人類の賛成をかちうべき平和であって，単に交戦国のどれかの利益や直接の目的に役立つような平和であってはならない。平和なヨーロッパのみが安定できるヨーロッパでありうる。勢力の均衡ではなく，勢力の共有がなければならない。組織された競争ではなく組織された共通の平和がなければならない。すなわち，平和は勝利なき平和でなければならない。勝利とは，敗者の上に強制された平和，敗者に課せられた勝者の条件を意味する。それははずかしめられ脅迫され，しのびがたい犠牲を払ってうけ入れられるであろう。また，後にいきどおりと苦痛の思い出を残すであろう。そして，その上に平和の条件がよこたわるのである。それは，永久的にでなく，砂上におかれたものにすぎない。平等な者同士の平和だけが永続しうる。平和の大原則は，平等で共通な福祉に共同で参加しうることである。"

　理想主義的とさえいわれるこの主張の中に，彼の理念としての国際連盟はすでに萌していたと考えられるし，見逃せぬ2つの柱がある。一つは「勝利なき平和」であり，他の一つは「平等で共通な福祉」である。

　しかし，1918年11月11日にドイツと連合国との休戦協定調印がなされるが，その後の歩みはいかがなものであろうか。1919年4月28日のパリ講和会議の折，国際連盟の規約は完成するも，死者1,000万人，負傷者2,000万人，捕虜650万人といわれる上に成るドイツへの賠償総額は1320億金マルク（1921年5月5日，ロンドン最後通牒）となり，1923年8月のゼネストを受けてクーノ政府の後退，そしてマルクの下落は最低点（1ドル＝4兆2,000億マルク）に達するのである。その間，ヒットラーのミュンヘン一揆，ハンブルグの共産党蜂起，他方では1924年1月の第1次マクドナルド労働党内閣の成立，レーニンは没し，中国では第1次国共合作が成立し，連ソ，容共，工農扶助の政策を打ち出し，日本では震災復興費のため，いわゆる国辱公債（6分利付公債，ニューヨークで1億5,000万ドル，ロンドンで2,500万ポンド）を発行するに至る状況になる。あたかもそれは，第2次世界大戦後のニュールンベルグ裁判，東京裁判を経ての国際情勢に近似してはいまいか。アメリカ32代大統領フランクリン・デラノ・ルーズヴェルトの1941年1月6日の議会演説の「4つの自由」が国際連合を通して現在でも真の意味で求められ続けているからであ

る。それは、「言論と表現の自由、信仰の自由、窮乏からの自由、恐怖からの自由」であって、当時は日、独、伊など全体主義国家群に対立する自由世界における基本的な人間の自由を意味しており、遠くフランス革命やアメリカ独立宣言にかかげられている自由民権の原理のくり返しにすぎないが、誰にもわかる基本的な形で全体主義との対立を考えたところに彼の民衆政治家としての有能さがあったといえる。

さて、その歴史上の事実はしばらくおくとして、20世紀前半に起こる再度にわたる大戦とその処理の仕方を支える柱は何であろうか、いうまでもなく一つは Hellenism であり、他の一つは Hebraism である。

したがって、最初に掲げたウイルソン（28代大統領、ヴェルサイユ条約の批准に失敗するが、「新しい自由」を提唱する）の「勝利なき平和」は、現世、現生をうち超える普遍の真実を追究する善を願うスピリットであり、「平等で共通な福祉」はまさにヘレニズムの精神である。

これを最近の大学改革問題におきかえていえば、アンダー、グラデュエイトに対する2本の柱、つまり、知的独立と精神的独立にあてはまるものではなかろうか。

知的独立とは、まさにヘレニズムに裏打ちされていなければ成立しないであろう。正解の決まっている問題しか考えられない枠組みを完全に克服して、自分で問題を見つけ、自ら解決してゆく知的能力を身につけなければならないのである。そして、それ以上に重要なポイントとして目されるものは、精神的自立である。

与えられた己、与えられた環境を認識しそれへの責任を自らがもつことであって、一生を通して己を貫徹させるのである。

自分が選んだようにみえる家族や地域、企業や国家への責任をどう捉えるかである。

中国の古い言葉に"砥柱とならむ"というのがあるが、それは大黄河の中にある一つの山で激流の中にあっても少しも動かぬことから乱世にあって、かたく節操を守る者にたとえられるものであるが、丁度、それに似て己れの一生について責任を負うのは、自分しか存在しないという認識に到達せねば精神的不動の自立はないのである。

少なくとも以上の2点は undergraduate の時に身につけてもらいたいものである。

現下の restructuring にしても、自身の原理や原則のない者が何故ボーダーレスと称して簡便にドッキングを思料するのであろうか。学問分野の創設は歴史的背景に立って徐々に台頭してくるものであって、Voir pour prevoir（予見するために観察する）せねばなるまい。

したがって、社会学的観察をもってすれば、医療問題、教育問題、防衛問題などその基底には新しい時代に即応するために新技術にマッチした新分野の創作がはじめられていると見てよいのである。

たとえば、医療問題の中の Community hospital である。北米にみられる Community hospital は、住民自身が資金を出し、家庭の延長としての病院を造るのである。resident としての医師に対

する報酬から看護婦の夜勤手当，冷暖房施設の改修費，ボランティアとして来ている掃除人，案内係など，すべてが地域社会の利益の上に立つ住民連帯の場なのである。日本の市町村立病院は，これに匹敵できるであろうか。知的な独立や精神的自立はいかがなものであろうか。

　明治も後半，20世紀初頭の頃ならば，官僚指導の富国強兵も自然の順序であったかも知れぬが今日の自治，自主分権の時代にあっては問題の一つでもある。これを教育問題に視点を変えた場合どのような展開になるであろうか。

　日本の社会は，いまだ「学校志向」が強く，一言でいえば「地位上昇志向」なのである。これでは，つくられた「学校産業」の中で己を自身で鋳型にはめこんだ人間たちばかりが生まれ，本来の己を見失うのではなかろうか。従来の日本社会では，官僚養成のための学制が基調であったが，これからは「奴隷教育」（親や教師という他者から自分の目的を与えられる盲目的教育）を脱し，国家を凌駕する国民社会のそれぞれのもつ価値観を他人の邪魔にならない限り自由に追求させるという前提で教育を推進させねばならないのである。歴史は過去との対話によって現在が観察され，未来を志向することのできる素材である。再び轍を踏んではならぬものも多数ある。教育には強制や管理が伴う「しつけ」があり「文化遺産」の伝承もある。

　ジレンマを教えつつ，人間の求めてやまぬ「生」を知ってもらわねばならないのである。「死」を知ることは「生」を知ることである。「生」とは何であろうか。

　福祉教育では特に次の徳目が挙げられる。「老人や身体の不自由な人に対しては，道や席をゆずり，あらゆる援助をする」「老人，幼児，弱い者に親切に，丁寧であれ」「年上のものを尊敬せよ」…これらは，旧ソ連や中国の「生徒守則」にあるもので，国の政治状況が異なっても共通して「しつけ」られる事項なのである。自分の言動に対する責任感や他人への思いやり，遵法精神といったものは，人間として当然守るべき道理であり「生」への慈しみではなかろうか。

　すでに国際的動向の中に新しい実践福祉の課題として台頭しつつある"Life-saving"に着目する要がある。

　すでに欧米ではライフセービングといえば人命救助を目的とした事故防止のための社会活動として，特に水辺での安全活動として理解されているもので，日本でもRescue'92（ライフセービング世界大会）を下田で開催するほどに組織化されてきた活動である。

　ライフセービングの象徴的意味は，どのあたりにあるのであろうか。

　自然の中の子として，われわれは自然を知り，その一員として生きていく仲間と連繋して「生」へのあくなきチャレンジをする強靭な精神力と肉体を養うところに存在するのであろうか。それは，スポーツとして練磨され，つねに用意されていなければならず，その力はむしろ他者に使用されることよりも，己にむけての精進であるところにポイントがある。

　したがって，それは山や海での事故ばかりではなく，日常生活の実践の中で福祉社会実現の

ために平易に行われてしかるべきものなのである。この意味で以下，その歴史と練磨の方法について記しておこう。

2
ライフセービングの歴史

　ライフセービングの歴史を辿れば，その活動の「組織化」から書き始めるのが適当であろう。しかしここでは，ライフセービングを「人命を救う行為」そのものを表わすとするならば，以下の事実も推察して，その活動の起源とすることは否定されないと思われた。つまり，その起源は人類誕生までを遡ることになるであろう。

　人びとが安定した生活を営むためには，河川，湖沼といった水辺に集落を構えることは必要条件であった。その土地において，川が氾濫し，洪水などで田畑，家畜，住居が濁流に呑まれ流される自然災害の中で，人びとは自身の生命を守り，家族の生命を守るための，あらゆる手段を尽くしたに違いない。つまり，ライフセービングは人間の日常生活に限りなく密着した，ごく身近な所で起こった必要不可欠な行為そのものであったといえる。その当然の行為として，あらゆるアクシデントを回避し，それに備える防衛行動（事故防止実践）こそ，その後のライフセービング活動の組織化に繋がる原点であったと推察できる。

　17世紀から18世紀にかけて，イギリスやフランス，オランダの国々が近代ライフセービングの先駆的努力を始めたとされる。その後はそれぞれの国の植民地を介して，カナダ，アメリカ，ニュージーランド，オーストラリア，南アフリカ，東南諸国などへ広まり，1878年には，フランス・マルセーユにおいて，初のライフセービング国際会議が開かれた。1910年には欧州にライフセービング国際組織 F.I.S（Federation International de Sauvetage aquatique）が設立。1914年，アメリカでは国内初の赤十字ライフセービングサービスが設立された。

2.1. 日本におけるライフセービングの歴史

2.1.1. 赤十字とライフセービング

　わが国のライフセービングの歴史を語るには，日本赤十字社（以下，日赤）における生命の尊重と苦痛の軽減を基本理念にした安全事業「水上安全法」「救急法」の実施からはじまるのであろう。

　1946（昭和21）年当時，日赤職員であった小森栄一氏が，米国赤十字極東本部安全部長であったW.T. レーニー氏より指導を受け，1952（昭和27）年日赤救急法を創始。1954（昭和29）年には，水上事故防止法に溺者救助法を加えた水上安全法を創始した。これらの普及は，旧文部省，厚

生省，労働省，通産省，防衛庁関係をはじめ，国鉄（現 JR）その他の各種事業団体にまで及んだ。その事業理念は，今日のライフセービングにおける基本理念と一字一句異なることを知らず，それは，1952年の学術雑誌『体育の科学』に小森氏が執筆した内容からも明らかである。その要点を原文のまま抜粋してみる。

「国内で『ライフ・セービング』という語が使われ始めたのは，昭和8年からであろう。"Life Saving" を文字通り翻訳すると『人命救助』とでも訳すべきであろう。ライフ・セービングの本家である米国赤十字に次いで，いわばお家藝として日本赤十字社が "Life saving" を『溺者救助法』と訳して，紅湖に普及し出したのは昭和8年の夏からである。それが，第二次世界大戦の勃発によって，一時普及を中止するのやむなきに至った。日赤もまた米国赤十字社から派遣されたアドバイザーによって改組され，平時事業の一つとして『ライフ・セービング』が，大きく取り上げられて来た。

写真2-1　水上安全法を指導する小森氏

昭和8年～12年頃に使われた『ライフ・セービング』なるものの内容は，いわゆる，"A Part of Life Saving" で『ライフ・セービング』の一端に過ぎなかった。昭和22年に於いては，『ライフ・セービング』を単に『溺者救助法』と解するのも正解ではない。溺者救助法は，現に溺れている者を救助する術技であって，これは文字通り『ライフ・セービング』ではあるが，しかし，それだけではけっして積極的な『ライフ・セービング』ではない。故に積極的な『ライフ・セービング』は，事故を起こさないという思想，すなわち事故防止の思想を必然的に人びとがもつようにしなければならない。その結果はまた必然的に本人の水泳時における行動が慎重になり，不慮の事故を起こさない様になると伝う処まで行かなければ，真の『ライフ・セービング』ではない」。

このように，ライフセービング活動は溺者を救助するだけでなく，水難事故が起きない環境を整えることこそを優先する活動であることが基本とされる。そのためにライフセーバーは，それを速やかに行えるよう，日頃から知識と技術を身につけることが大切である。それは特別

2 ライフセービングの歴史

写真2-2　湘南指導員協会のメンバー（昭和48年　伊豆吉佐美にて）

な場所だけでなく，家族や愛する人びととの日常生活の身近なところにも求められることこそが，ライフセービング活動の原点と解釈されなければならない。

2.1.2. ライフガードクラブの結成

1961（昭和36）年，日赤水上安全法資格を有した者が水難救助員として，神奈川県藤沢市の片瀬西浜海岸にて，夏期の一時的な雇用にて採用されはじめ，その者たちを「ライフガード」と呼ぶようになった。この存在こそが，今日のライフセービング界を牽引し，具現化していくことになる。同時期，鎌倉の各海水浴場にも同様の活動が広がっていった。

その片瀬西浜海岸のライフガードたちが，活動を充実させるため「湘南ライフガードクラブ」を結成する。1970（昭和45）年には，小森氏の影響を受けた日赤水上安全法および救急法指導者資格を有した者が中心となり，より確かな知識と技術の発展を目的に，湘南ライフガードクラブから「湘南指導員協会」を設立する。同年，湘南指導員協会主催にて，第1回ライフガード競技大会（現・全日本選手権）を開催した。この大会こそ，現在のライフセービング競技会の原点になる。

2.1.3. 国内ライフセービング活動の組織化

1977（昭和52）年から1978（昭和53）年にかけて，有志ら15名が，オーストラリアとニュージーランドへ資格取得および実技研修のため遠征をする。帰国後，そのメンバーらが東京に本部を置く「日本サーフライフセービング協会（以下，SLSAJ）」を発足。同時に，世界各国間のライフセービング組織の相互交流を目的とした国際団体，ワールド・ライフセービング（以下，W.L.S）

写真2-3 ワールドライフセービング協会役員視察（上段左 W.レイニン，G.スタントン）片瀬西浜にて

に加盟。静岡県下田市吉佐美区海水浴場にて活動を開始した。1983（昭和58）年には，湘南指導員協会の意思を引き継ぎ，新たに神奈川県を本部とする「日本ライフガード協会（以下，JLGA）」を発足。この協会活動における理念は，ボランティアであっても，その活動に携わる水難救助者自身の身分を，諸外国のようなプロ（公務員）としての位置づけを強く願った名称であった。それ以後は，伊豆を中心に活動拠点をおくSLSAJと，湘南を中心に活動拠点をおくJLGAの2つの組織が，ともにライフセービング界を導いていくことになる。

2.1.4. 豪日文化交流とライフセービング

わが国において，この機会こそ本流ライフセービングの始まりといえる。それは同年，オーストラリアの連邦政府の文化機関「豪日交流基金」における豪日交換プログラムに，ライフセービングが提案されたことにはじまる。

それは，ワールドライフセービング協会より，G. スタントン，W. レイニン，R. ランキンの3氏が初来日し，日本のライフセービング活動を1週間視察。その際に，救助器材「レスキューボード」が日本に導入・紹介された。同年，日本からもオーストラリアへ10名を派遣し，豪日交換プログラムがスタートした。

帰国後，各メンバーの体験から，人命救助におけるトレーニングの厳しさを強調するコメントの多いことが印象的であった。翌年，S. カメロン，B. スタントン，B. マイルズら3氏のインストラクターが来日し，初のW．L．S公認の講習会が開催された。

来日時より，G. スタントン会長より，次の提案がコメントされた。

写真2-4 豪日交換プログラムのオーストラリア指導者 (S. カメロン, B. スタントン, P. スミス, J. フォーマン)

1) W.L.S の日本の窓口を一本化されたい
2) 国内で発行するライセンスの統一

日本側は，この提案を実現すべき協会統一の準備機関「日本ライフセービング評議会（以下，JLSC）」を設立した。

2.1.5. ライフセービング指導者誕生

1986（昭和61）年，統一された JLSC 設立に伴い，第3回の豪日交換プログラムは，日本人のライフセービング指導者を誕生させる養成プログラムが提案された。

その目的とは，1) 全国レベルでのライフセービング活動の統一，2) オーストラリアのライフセービングメソッドをベースにしたマニュアル作り，3) ライフセーバー資格発行のためのインストラクター養成制度，4) 組織運営のマネジメントであった。

この指導者養成プログラム修了後，メンバーらにはインストラクターおよびイグザミナー（検定官）資格が与えられ，それによって日本人指導者によるライフセービング資格取得養成講習会の開催が認められた。

この豪日交換プログラムは5回をもって修了した。こうして，ライフセービング100年の歴史を誇る水難救助システムは，わが国に語り尽くせぬ多くの教材が導入された。それは海洋国・日本にとって，水難事故減少の有益なシステムとして，多くの人命が救われることになった。

写真2-5 豪州でのトレーニングを紹介する新聞記事

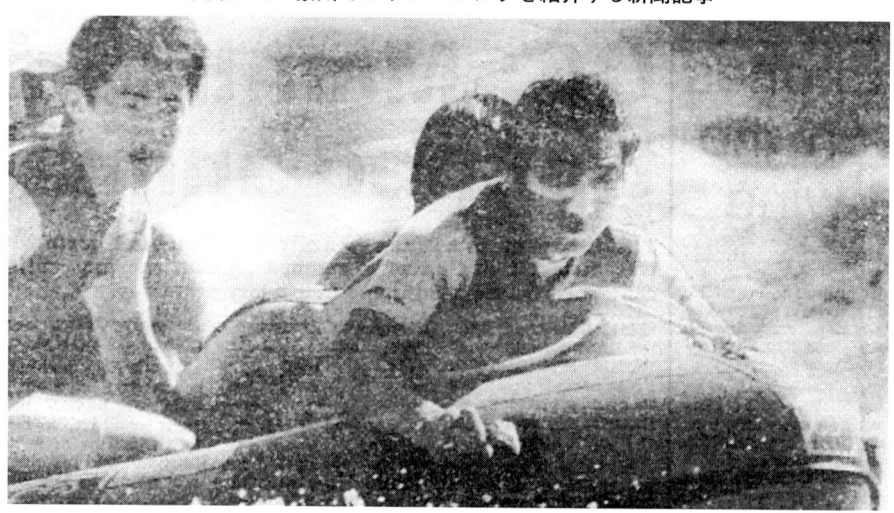

THEY are not the regular lifesavers at Sydney's Cronulla beach, but they will soon be a comforting sight on Japan's beaches.
　Toyoda Katsuyoshi, Toshi Adachi and Tom Komine are three of five Japanese lifesavers in Australia to learn our lifesaving techniques.
　The Surf Life Saving Association of Australia's public relations manager, Mr Ian MacLeod, said yesterday the men were being taught here because Australia was the leading authority on surf lifesaving.
　This is the third year of the Australia-Japan Foundation program aimed at improving the quality and efficiency of Japanese surf livesaving.
　Mr MacLeod said until two years ago, lifesaving was virtually non-existent in Japan.
　The five livesavers, including the secretary-general of the Japan Life Saving Council, Mr Don Aizawa, will return to Japan on Tuesday.
　Livesaver Katsuyoshi Toyota, 24, said he had found the training useful.
　"Australian beaches are wonderful," he said.

　従来の赤十字・水上安全法の技術をより実践的に，かつその裏付けなる理論と精神は，かつて小森氏が理想とした「真のライフセービング」そのものであったといえる。現在，このメソッド・システムは，海を有する都道府県行政に大きな刺激を与えるきっかけになったことは誰もが認めるところであり，まさしくわが国の「近代ライフセービング」の始まりといっても過言ではない。

2.1.6. 国内・外における組織の統一化

　JLSCとしては，神奈川県相模湾で開催された『SURF'90』宣言に基づいた事業の一環にて，我が国初の国際大会「環太平洋ライフセービング選手権大会」が成功したのを機に，1991（平成3）年，国内を代表するSLSAJとJLGA両団体の代表が統一，「日本ライフセービング協会（JLA）」が発足した。

　1992（平成4）年には，日本において初の世界選手権（RESCUE'92）が開催された。ライフセービング活動を社会認知するためのあらゆる行事（シンポジウム・ナショナル大会・インタークラブ大会・展示会）などが同時開催され，今までにない多くのメディアによって全国へ報道された。

　国際的動向にも変化があり，1994（平成6）年，イギリス・カーディフ・インターナショナルにおいて，1974年に設立されたWORLD LIFE SAVING（WLS）と，1910年に設立された

Federation International de Sauvetage aquatique（FIS）の国際組織が統一され，国際ライフセービング連盟・INTERNATIONAL LIFE SAVING FEDERATION（ILS）が設立された。同調印式にて，日本ライフセービング協会が国際連盟の日本代表機関として正式承認された。

ILSは，加盟国137カ国であり，アメリカ，アフリカ，アジア太平洋，ヨーロッパに支部を置き，開発援助（Development Aid），教育（Education），医療（Medical），救助（Rescue），競技（Sports），それぞれの委員会にて構成されている。また，GAISF（国際スポーツ団体総連合）とIWGA（国際ワールドゲームズ協会）に加盟し，IOC（国際オリンピック委員会），WHO（世界保健機構）からも公認された組織である。

2.1.7. 日本ライフセービング協会・法人化設立

2001年10月，日本ライフセービング協会は，内閣府より特定非営利活動法人（NPO）の認証を受けた。この法人定款には「国際的な視野から，海岸をはじめとする全国の水辺の環境保全，

写真2-6　国際ライフセービング連盟設立調印書

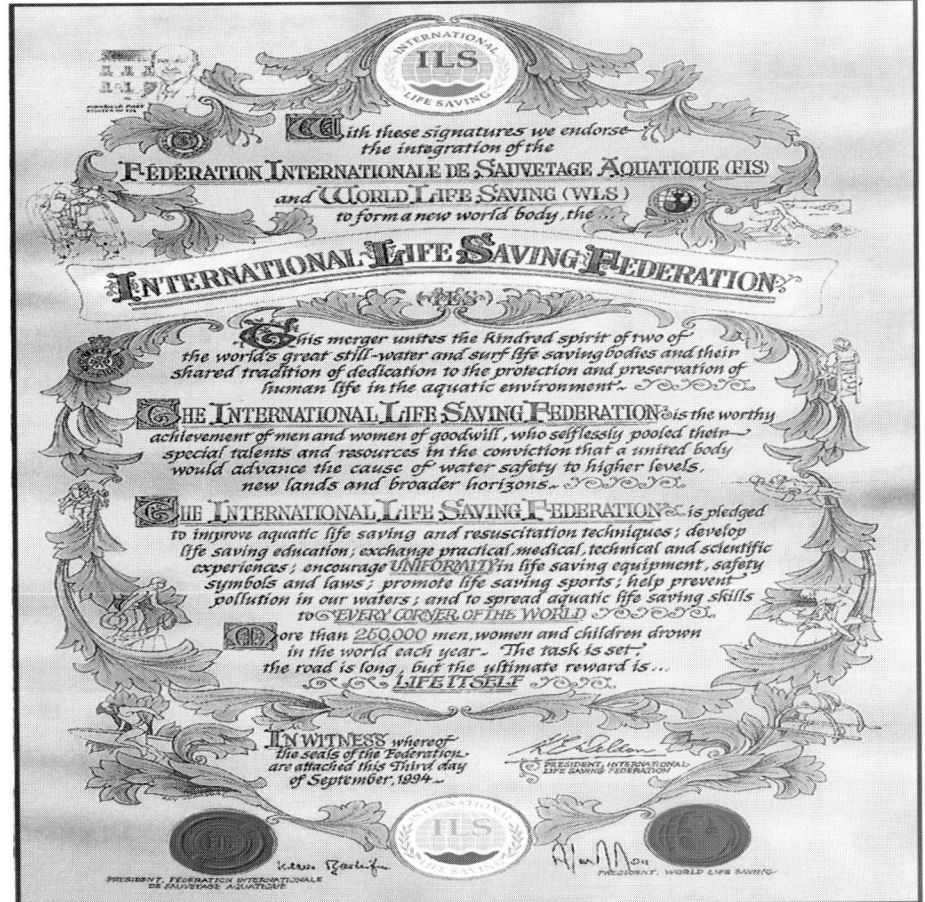

安全指導，監視・救助等を行うライフセービング活動の普及及び発展に関する事業を行い，国民の安全かつ快適な水辺の利用に寄与することを目的とする」とある。この定款のごとく，生命尊厳を主旨とするこの活動が，国民の自律ある安全思想に貢献し，平等な平和を希求するまでを包含することこそ，国際ライフセービング連盟の日本代表機関といえる。

2.2. オーストラリアにおけるライフセービングの歴史

2.2.1. ロンドンでのライフセービングの始まり

1774年，イギリスのロンドンに「ロイヤルヒューマン協会」という団体が設立された。その年は，ジェームス・クックがオーストラリア大陸を発見し，イギリスの領土とした4年後のことである。ロイヤルヒューマン協会の設立者たちは，産業革命による急激な社会変化の中，人びとが抱えている苦痛を和らげることを目的として，その活動を行っていた。その後，1891（明治24）年，イギリスでライフセービング専門の団体が誕生した。その契機となったのは，ロイヤルヒューマン協会がある一人の水泳愛好者ウイリアム・ヘンリーにロイヤルヒューマン協会の組織とスタッフを使ってライフセービングの技術指導にあたることを依頼したことであった。当時イギリスでは，水泳に高い人気が集まっていて，いくつかのアマチュアの水泳クラブが組織されるほどであった。そのために，ライフセービングの知識，技術が必要になってきたのである。W．ヘンリーは，ライフセービングの技術指導をしながら専門的なライフセービング団体の必要性を感じた。その結果，1891（明治24）年，彼は，「スイマーズ・ライフセービング協会」という水の事故から命を守ることを目的とした団体を設立した。スイマーズ・ライフセービング協会は，W．ヘンリーを中心に水泳愛好者によって構成され，すぐに「ライフセービング協会」と改名された。そして後の1904（明治37）年，イギリスの王室から「ロイヤル」という憲章を授かり，王室から援助，奨励される団体「ロイヤルライフセービング協会（ＲＬＳＳ：Royal Life Saving Society）」となった。RLSSは，心肺蘇生法やプールでの救助法などをドリル形式（反復練習をしながら技術を習得する方法）にまとめ，一般の人でもわかりやすく，また興味がもてるように考案した。ただし，当時の心肺蘇生法は，現在行われているマウス・トゥ・マウス法がまだ考案されていなかったので，シルベスター法が使われていた。そのＲＬＳＳで考案されたライフセービング技術は，オーストラリアに伝えられ急速に広まっていったのであった。オーストラリアでライフセービングが注目され始めたのは1894（明治27）年からであり，当時はRLSSのスティルウォーター（プール）の技術が手本とされていた（写真2-7）。しかし，オーストラリアにおいてイギリスと異なる点は，気候，風土といった環境面であった。比較的温暖なオーストラリアではプールのライフセービング技術よりも海でのライフセービング，すなわち「サーフライフセービング」の技術がより必要とされた。そのためオーストラリアでは，RLSSとは

別のサーフライフセービング団体が設立された。以後，スティルウォーター（湖，川，プールなど）を専門とする団体とサーフ（海）を専門とする団体によるオーストラリア独特のライフセービング・システムが作られていくことになるのである。

2.2.2. オーストラリア・ロイヤルライフセービング協会

1894（明治27）年，ロイヤルライフセービング協会（RLSS）の技術がオーストラリアに伝えられ，RLSSのオーストラリア支部が次々と設立されていった。1894（明治27）年，ニューサウスウエールズ州に最初の支部が設立され，続いて1904（明治37）年，ビクトリア州にも支部が設立された。この頃，ビクトリア州メルボルンでは，ポートフィリップ湾のまわりに26のライフセービングクラブが作られた。またビクトリア州では，RLSSの技術がビクトリア州の警察官の訓練に導入された。このようにビクトリア州は，当時のオーストラリアでRLSSの活動が最も盛んな州であった。また1905（明治38）年には，クイーンズランド州にも支部が設立された。しかし，これらの支部の運営は，ロンドンにあるRLSSの本部によって強くコントロールされていて，すべての活動は本部の許可を得なければならなかった。そのために1934（昭和9）年11月，オーストラリアのすべての支部の代表が集まり会議が開かれた。その会議の結果，RLSSのオーストラリア本部が設立され，それぞれの州ごとに行われていたオーストラリア国内の活動はしだいに統括されるようになっていった。その後，1959（昭和34）年になって，正式に「オーストラリア・ロイヤルライフセービング協会（RLSSA：Royal Life Saving Society of Australia）」が設立され，ロンドンの本部から独立した団体としてオーストラリアで独自の活動を始めるようになったのであった。1950（昭和25）年頃までは，オーストラリアで使われていたプールでのライフセービングの技術は，すべてロンドンから伝えられた技術であった。そこで，オーストラリアで体育教師をしていたG．タンバルらは，その技術をオーストラリアの状況に適するように修正することを試みた。その結果，1953（昭和28）年，救助法や心肺蘇生法の技術を記したRLSSA独自のライフセービング・マニュアルが作られた。このように，RLSSAは，イギリスのプールのライフセービング技術を基に発展してきたので，その活動は，プール，湾，湖といった場所が中心となっていったのである。

2.2.3. サーフライフセービングクラブの設立

オーストラリアのライフセービングの歴史を理解するためには，「海水浴の歴史」を探る必要がある。オーストラリアの海水浴の歴史は，過去にオーストラリアがイギリスの植民地であったために，イギリスからの影響を強く受けていた。18世紀，イギリスでは，海水浴は健康のための娯楽として行われ，その思想はイギリスの医師の提言から始まった。当時，イギリスの医師は，冷水につかることによって得られる健康的および治療的効能を発表した。19世紀になる

と，イギリスでは海水浴に関するモラルの問題が議論され始めた。あるグループが，「海水浴，特に公衆に肌をさらすという行為は，社会の秩序を乱すことである」と考え，水浴に反対するキャンペーンを行ったのであった。この価値観がオーストラリアにも移行し，大きな影響を及ぼすようになった。その結果，オーストラリアでは，1838（江戸後期）年，ニューサウスウエールズ州の各自治体ごとに，「水浴規制に関する条例」が制定されるまでに至った。その内容は，公衆のプール，海でのすべての水浴は，朝6時から夜8時まで禁止するというものであった。この社会的モラルの強要は，以後20世紀に入るまで続けられ，庶民レベルによる賛否両論の意見の衝突が続くのであった。その後，この条例は，ウイリアム・ゴッシャというある新聞の編集者によるデモンストレーションをきっかけに変えられていくことになる。1902（明治35）年10月，彼は，シドニーにあるマンリービーチで，首から膝までの水着を着て，毎週日曜日，3週にわたって意図的に海水浴を行った。彼のねらいは，彼のパフォーマンスを世間に宣伝し，水浴規制に関する条例を撤廃するため，法廷で争う機会を故意につくるということであった。

写真2-7　オーストラリアで最初の RLSS の講習会（1894年）

出所）The Royal Life Saving Society-Australia, *Swimming & Lifesaving*, Mosby Lifeline, Times Mirror International Publishers Pty Ltd., 1995.

このW.ゴッシャのパフォーマンスは，同じシドニーにあるボンダイビーチにも波及していった。しかし，このパフォーマンスを行ったW.ゴッシャは起訴されなかった。この時，W.ゴッシャのパフォーマンスに携わった警察官の裁量が，後の議会による条例廃止に大きな影響を与えることになった。最終的な警察官の見解は，「海水浴は適切な水着を着ている限り社会の秩序を乱すような行為ではない」ということであった。結局，このW.ゴッシャのパフォーマンスがきっかけとなり，1903（明治36）年11月以降，マンリーを始めとして水浴禁止条例は廃止されていった。水浴規制に関する条例が撤廃され海水浴が法的に認められた後，人びとの間で海水浴の人気が急速に高まっていった。その反面，海岸における溺水事故が増加し，人命救助活動すなわち「サーフライフセービング」が重要視されるようになっていったのであった。そして，シドニーを始めとして，サーフライフセービングの必要性を訴えた世間の声は必然的に高まり，その結果，地域の海水浴場を単位とする民間主体の「サーフライフセービングクラブ」が，次々と設立されていった。

　ここで，オーストラリアでは，どのクラブが最初に設立されたのかという議論がある。2つのクラブが，最初のライフセービングクラブとして名乗りをあげている。「ボンダイ・サーフベイザーズ・ライフセービングクラブ（現ボンダイ・サーフライフセービングクラブ）」は，1906（明治39）年設立，また「ブロンテ・ライフセービング・ブリゲード（現ブロンテ・サーフライフセービングクラブ）」は，1903（明治36）年に設立されたとそれぞれの歴史を主張している。名前にある「サーフベイザーズ」とは「海水浴をする人」，また「ブリゲード」とは「団体，隊」という意味である。一般的には，1906（明治39）年2月に設立されたボンダイ・サーフベイザーズ・ライフセービングクラブが，最初のサーフライフセービングクラブであるとされている（写真：2-8）。その議論の理由は，クラブの名称にあったようである。クラブ名に「サーフ」と「ライフセービング」という両方の言葉が使われていたクラブは「ボンダイ」が最初であった。この頃，「サーフクラブ」や「ブリゲード」という名称でありながら活動としてはサーフライフセービングを行っていたクラブもあったようである。いずれにしても，これらのクラブの名称から，オーストラリアのサーフライフセービングは，地域に根ざした民間のクラブ活動から始まったということがわかる。その代表的なクラブの一つに「マンリーサーフクラブ」がある。マンリーサーフクラブは，1907（明治40）年に設立されたクラブで，後に「マンリーライフセービングクラブ」へと分割されたクラブである。現在，マンリーライフセービングクラブは，オーストラリアのクラブの中で唯一「サーフ」という言葉をその名称に含んでいない興味深いクラブである。「マンリーサーフクラブ」から「マンリーライフセービングクラブ」へ分割された理由は，それらの設立経緯および相違を明らかにすることによって推測できる。1907（明治40）年当時，マンリーサーフクラブの主な設立目的は，遊泳者のためにクラブ施設を提供し，また救助器具を供給することであった。しかし，当時600人いたクラブ会員のうち，純粋にライフセービン

グを行っていたのは，わずか100名程であった。他のメンバーは，クラブ施設を利用しての海水浴，およびクラブ員の間での社会的交流だけを目的としていた。しかもクラブのリーダーは，クラブハウス建設をマンリー市に強く要求し，もしそれが断られたら，クラブはライフセービング活動を放棄すると交渉したのであった。このことが，クラブ内で純粋にライフセービングを行っていた特に若い世代のメンバーからの信用を失わせた。その結果，1911（明治44）年，この意見の相違が基で，クラブは分裂しマンリーライフセービングクラブの設立に至ったのであった。マンリーライフセービングクラブの設立目的は，マンリーサーフクラブとは異なり，純粋にライフセービングを行うこととし，ただ単にクラブの社会的な面を楽しむためではないということであった。この経緯が，クラブ名にサーフが含まれていない理由であると考えられる。すなわち，クラブの目的をライフセービングのみに強調し，さらに単に社会的交流だけを目的としたサーフクラブとの区別をはっきりさせるためにクラブの名前に「サーフ」を含ませないで「ライフセービングクラブ」としたと考えられる。現在では，マンリーライフセービングクラブだけがその活動を続けている（写真：2-9）。

2.2.4. サーフライフセービング協会

1907（明治40）年10月18日，シドニーで歴史的なミーティングが開かれた。シドニーにある11のライフセービング団体の参加によって開かれたそのミーティングでは，サーフライフセービングの「協会設立の必要性」が提案された。そして，そのミーティングは，「ニューサウスウエールズ・サーフベイジング協会」という新団体の設立という結果を導いた。その後1910（明治43）年，この協会は，「ブロンズ・メダリオン」というサーフライフセービングの救助技術を専門とした資格制度を導入した。さらに1911（明治44）年，この新団体の初代代表ジョン・ロードは，ニューサウスウエールズ州政府から「海水浴に関する調査委員会」の委員長として任命された。この調査委員会は，「海水浴のスポーツ性」について調査し，州政府に対して調査報告およびいくつかの提案をした。この提案の中には，海水浴に関するルールづくり，またはビーチインスペクター（ビーチにおける指導，管理責任者）の任命などが含まれており，それらのほとんどは州政府によって受け入れられた。この州政府による承諾が，オーストラリアにおける「ビーチの安全管理義務」という概念の始まりであったといえるであろう。つまりビーチの安全管理という認識が高まり，その後州政府の援助を受けながらオーストラリアのライフセービングが大きく発展していくきっかけとなったのである。さらに，州政府にサーフライフセービングの必要性を認めさせたこのプロセスは，民間レベルのライフセービングを州政府公認による道徳的拘束力をもつ活動に変えたといっても過言ではない。

このようにニューサウスウエールズ州を中心に発展していったサーフライフセービング活動は，他の州やテリトリーにも普及し，それぞれの州やテリトリーにもサーフライフセービング

2 ライフセービングの歴史

協会や支部が設立されていった。そして1920（大正9）年，「ニューサウスウエールズ・サーフベイジング協会」は，「ニューサウスウエールズ・サーフライフセービング協会」と名前を変えた。ここで協会の名前に初めて「ライフセービング」という言葉が使われたことになる。さ

写真2-8　ボンダイ・サーフベイザーズ・ライフセービングクラブ（1906年）

出所）Galton, B., *Gold, Silver, Bronze*, A Surf Life Saving Queensland Publication.

写真2-9　20世紀初めのマンリービーチ

らに1923（大正12）年には，「オーストラリア・サーフライフセービング協会」へと改名し，その改名は協会が全国的規模の組織に成長していったことを意味している。1991(平成３)年,「オーストラリア・サーフライフセービング協会」は，「サーフライフセービング・オーストラリア」に変わり，連邦政府や企業スポンサーから多額の援助を受けながらサーフライフセービングの普及，実践活動を行っている。

2.2.5. ボンダイビーチでのブラックサンデー

　ボンダイビーチは，シドニー市内から南東へ約７Ｋmのところに位置する白い砂浜が広がる美しい観光地である。ボンダイ・サーフベイザーズ・ライフセービングクラブ（現ボンダイ・サーフライフセービングクラブ）は，オーストラリアで最初に設立されたサーフライフセービングクラブとされている。また，ボンダイ・サーフライフセービングクラブ（以下，ボンダイSLSC）は，最初に「レスキューリール」を使ったクラブとしての歴史も知られている。レスキューリールは，1906（明治39）年12月23日，ボンダイSLSCのキャプテン，Ｌ．オムスビーらによって考案された。レスキューリールとは，ライフラインと呼ばれるひもが大きなリールに巻かれていて，救助の際には，ライフラインの先端についているベルトを体にかけて溺れている人のところまで泳いでいくという救助器具である（写真：2-10）。現在このレスキューリールは，他の救助器具が発展したために使われていないが，競技種目の一つとして残り「サーフライフセービングのシンボル」として扱われている。しかし当時は，レスキューリールを使った救助が主流となっていた。そんな時代にボンダイである事故が起こった。そのことはオーストラリアで「ブラックサンデー」という言葉でずっと語り継がれている。その事故は，1938（昭和13）年２月に起こった。真夏のその日は気温が高く，何千もの人びとがボンダイビーチで休日を楽しんでいた。午後３時過ぎになるとそれまで荒れ狂っていた海がやや静まり始めていたものの，時折打ち寄せる波は遊泳者の頭を追える程の高さであった。ある時突然２つセット(組)になった大波がビーチに押し寄せてきた。しかもそのセットになって押し寄せた波の間隔はほとんどなかったため，波が海に戻るときに水の量が倍増し信じがたいほどの水の力（バックウォッシュ）を生みだした。海の波は数百から数千回に一度の割合で，通常よりも倍くらいの大きなうねりが打ち寄せることは現在でもよく知られていることである。そして，そのバックウォッシュの力で200人以上が海に流されてしまった。ボンダイSLSCのライフセーバーは，その光景をみるやいなや12個のレスキューリールを持ち出し，海の中へ飛び込み救助に向かった。海に流された人びとはパニック状態で，一度に多くの人がライフセーバーの引っ張ってきたライフライン（ひも）につかまった。そのため，ライフセーバーは，なかなか沖に流された人びとにたどり着くことができなかった。幸運なことにちょうどその時ボンダイSLSCの他のメンバーは，毎週日曜日の午後に開かれるクラブ競技会のためにビーチに集まっているところであった。結局，総勢70

2 ライフセービングの歴史

人以上のライフセーバーがその救助に参加した。当時はまだ原動機付きのレスキューボート（IRB）などなかった時代であったので，ライフセーバーは休む間もなく次つぎと，海に流された人びとを浜に引っ張ってくるという救助を繰り返した。浜はまるで戦場のように至るところに溺れた人たちが横たわっていた。最終的に，この日5人の尊い命が失われた。しかし，もしライフセーバーがいないビーチでこの事故が起こったとしたら多数の犠牲者が出ていたことはいうまでもないであろう。

　ボンダイで起こったこの事故は，後にも先にも例のないものとなった。この事故で救助に携わった人びとは，誰一人個人的に表彰されなかったそうである。この日の救助は，ライフセーバーとしての当然の役割を果たした結果であり，むしろ表彰に値する個人的な名前など挙げられないということであった。そして，この事故のことは，現在でもオーストラリアで語り継がれている。Galton（1993）の著書によると，この時のボンダイSLSCのキャプテンは，「警察や救急隊員が義務を果たすように，ライフセーバーも，ただ単に自分たちの義務を果たしただけである」と述べた。また，オーストラリアを訪れていて偶然この事故を目撃したアメリカの医師は，心肺蘇生法を施してブラックサンデーの事故救助に協力した。その医師は，「この事故の時に行われた救助活動は，報酬目当てに行われたものではなく全く献身的に行われたものである（a labour of love）。ライフセーバーによって行われたあの時のような光景は，世界中どこを探しても他では見られないことであろう」と振り返ったといわれている。（写真：2-11）

写真2-10　レスキューリール

2.2.6. デューク・カハナモク

　サーフィンは，太平洋の島々に住む人びとによって始められ，その歴史はかなり古くまでさかのぼると考えられている。ハワイ諸島では，ポリネシア人が6世紀頃に移住したときからすでに「ボディサーフィン」や「木の板を使っての波乗り」が行われていたといわれている。そしてハワイのサーフィンは，1778（江戸後期）年，イギリスの探検家ジェームス・クックがハワイ諸島に訪れた時には，隆盛を極めていた。その後，サーフィンはスポーツとして発展していった。

　オーストラリアにサーフボードを使ったサーフィン（以下，サーフィンとはサーフボードを使った波乗りのこと）が伝えられたのは，1900年代の初めのことであった。ポリネシアの島々の住民とは違ってオーストラリア先住民のアボリジニは，海でサーフィンをするという習慣はなかった。オーストラリアにイギリスからの移民が住みついた後も，波を利用して楽しむといえば道具を使わないで波に乗る，いわゆるボディーサーフィンを楽しんでいた。オーストラリアでは，1912（大正元）年，Ｃ．Ｄ．パターソンが初めてハワイのデザインのサーフボード（ロングボード）を取り寄せた。しかし，このボードを使って誰一人としてサーフィンをマスターできなかった。

写真2－11　ボンダイビーチでのブラックサンデー

出所）Robert Longhurst, *The Life Saver, Images of Summer*, Playright Publishing Pty Ltd., 2000.

その後1915（大正4）年，ハワイから訪れたデューク・カハナモクがサーフィン技術を伝えたことが，オーストラリアのサーフィンのみならずサーフライフセービングにも大きな影響を与えることになる。

サーフィンの普及に偉大なる功績を作ったデューク・カハナモクは，1890（明治23）年にハワイで生まれた。デュークは，「水泳」と「波乗り」に生涯を捧げた男として有名で，彼の名前をつけたサーフィンの大会などは今でも存在する。また彼は後の1912（大正元）年（ストックホルム）と1920（大正9）年（アントワープ）で開かれたオリンピックで，競泳100mフリースタイルの金メダリストとなり，その名前を世界的なものにしたことでも知られている。1915（大正4）年，当時ハワイで水泳のチャンピオンであったデュークは，プールで行われる競泳の試合に参加するためにシドニーを訪れた。その際，そこに広がるすばらしいビーチとサーフィンには絶好のコンディションといえる海に彼は大変感動した。さっそくデュークは，シドニーの市内から約12km北東へ位置する「フレッシュウォータービーチ」でサーフィンを行った。その時使われたボードは，デューク自身がシドニーで「シュガーパイン（マツ科の木）」を素材として作ったものであった。デュークのサーフィンを見ていた人びとは，その卓越した妙技に魅了され，彼の周りには人だかりができるほどであった。デュークは，オーストラリアを去る日，彼が作ったサーフボードをC．ウエストというサーフィンを愛し，サーフィンに情熱を注いでいた一人の若者にプレゼントとして残していった。そのデュークが残したサーフボードは，以後オーストラリアで作られるボードのモデルとなり，ウエストは自らのサーフィンの技術を向上させ，彼の技術はオーストラリアのサーフィンのガイドラインといわれるほどになった。また，ウエストは，サーフボードの技術をサーフライフセービングに取り入れ，サーフボードを使った救助をマンリービーチで実践した。

デュークは後に，シドニーと同様にアメリカのカリフォルニアにもサーフィンを普及した。デュークがサーフィンを行ったフレッシュウォータービーチには，オーストラリアのサーフィン発展のために与えた功績を称え彼の銅像が建てられている。そしてデュークは今でもオーストラリアの海をサーフボードの上から見続けている（写真：2-12）。

2.2.7. ライフガードの誕生

マンリーライフセービングクラブが設立される以前，1903（明治36）年頃，マンリーではスライ兄弟を中心とした数名がボートを使ったパトロールを行っていた（写真：2-13）。サーフボートといっても，当時スライ兄弟らによって使われていたボートは，4人がオールを使って漕ぐ手こぎ用のフィッシングボートであった。このボートは，救助活動のために作られたものではなかったため，大変重く，波がある条件で使用するにはとても不便であったが，スライ兄弟はそのボートを使ってボランティア活動としてパトロールを続けた。スライ兄弟によってフィッ

シングボートによるボランティア・パトロールが行われていたマンリーでは、「スライ兄弟が行っているようなボートによるパトロールが、定期的にあたりまえのこととして行われるべきだ」という世間の声が高まり始めた。そのような世論を反映してマンリー市議会は、ニューサウスウエールズ州政府に対し、ボランティアで行われているスライ兄弟の活動に対し補助金を支出するよう要望した。この時点では州政府からの経済的援助は期待できるものではなく、この要望は受理されなかった。しかし、現場でボランティア・パトロールを行う人たちから、州政府からの援助が期待できないのなら自分たちで資金を集めようというアイデアが出された。その結果、1903（明治36）年、「ボクシング・デイ」というオーストラリアの祭日に、マンリービーチでライフセービングのデモンストレーションが行われた。そして、そのデモンストレーションを通してライフセービングを理解してもらう

写真2-12 デューク・カハナモクの銅像
（フレッシュウォータービーチ）

とともに、ビーチで募金を呼びかけたのであった。このような活動は、オーストラリアで初めて「プロフェッショナル・ライフガード」によるビーチパトロールがマンリービーチで始められるきっかけとなった。スライ兄弟らの地道な活動を見ていたマンリー市は、1907（明治40）年にようやく市の財源から給料を払いライフガードを雇うことを認めたのであった。そして、1907年10月15日、オーストラリアで最初の「ライフガード」が誕生した。この時、ライフガードとして任命されたのは、エドワード・アイアーというニュージーランド人であった。

このように民間のボランティアから始まったサーフライフセービングは、行政から雇われたプロによるライフガードへと発展していった。そして、この後オーストラリアで行われるライフセーバー（ボランティア）とライフガード（プロ）による安全管理体制のモデルとなっていくこととなる。

2.2.8. 女性とサーフライフセービング

オーストラリアのサーフライフセービングにおいて、今日のような目覚ましい女性の参加は、歴史上、決して古いものではない。男性と全く同じような活動が許されるようになったのは、

1980（昭和55）年以降のことである。それ以前,「オーストラリア・サーフライフセービング協会」は, 基本的に女性のサーフライフセービングにおけるビーチパトロールや競技会への参加を禁止していたのである。その理由は,「女性は, 重たい救助器具を運んだり, 海でサーフレースをこなすには, 体力的に十分でない」という考えからであった。しかし女性の活動が全く行われていなかったわけではない。1914（大正3）年に設立された「サウスコースト支部（シドニーの南に位置する地区）」は, ブロンズ・メダリオンというライフセーバーの資格を, 女性に与えていたという記録がある。1980（昭和55）年以前は, 唯一このサウスコースト支部でしか女性に対してブロンズ・メダリオンを取得することを認めていなかった。この支部で1980年以前に記録に残っている女性の資格保持者は, 数名のブロンズ・メダリオン取得者と1名のインストラクターだけであった。しかし, このような女性の活動に関しての記録は多くなく, 女性の活動といえば, 子どもたちの活動に参加することや, クラブの運営のための事務的な仕事などが主であった。他のスポーツにおいても, 女性の競技参加は, 男性に比べてかなり制限されていたという歴史的事実は珍しくない。しかし, 今日ではさまざまな分野で男女同等に競技に参加するチャンスが与えられている。そして,「女子種目」の中にはオリンピックの「マラソン」のように男子に優るとも劣らない人気を集めているものもある。それでは, オーストラリアのサーフライフセービングでは, なぜ女性の参加が認められるようになったのであろうか。その理由

写真2-13　スライ兄弟によって行われたフィッシングボートを使ったパトロール

は，オーストラリア・サーフライフセービング協会の会員の急激な減少が主な要因であったようである。1980（昭和55）年の協会の年間報告書には，当時，サーフライフセービングクラブに加盟し，ビーチパトロールなどを行っているライフセーバーの数が，20％も減少したということが述べられている。サーフライフセービングへの女性の参加は，この減少を止めるために不可欠であった。結局，1980年7月1日，協会は，女性のブロンズ・メダリオン取得を許可し，ボランティアサーフライフセーバーとしての活動を認めたのであった。

サーフライフセービング競技の参加については，1985（昭和60）年の全豪選手権大会から，初めて女子種目が導入された。その大会から，サーフレース，パドルボードレース，ビーチスプリントが女子種目として新たに導入された。その後徐々に女子種目は増加し，1992（平成4）年の全豪選手権からは，現在のライフセービング競技で最も人気のある種目といえる「アイアンウーマン」が導入された（ただし，当時は男子アイアンマンのレース形式からサーフスキーがはずされていた）。

1995（平成7）年，サーフライフセービング・オーストラリアは組織の政策として「サーフライフセービングにおける男女平等」をはっきりと採択した。現在では，子どもを含む全会員の内，約40％は女性が占めるようになり，総会員数は増加傾向となっている。このように男性の活動に比べれば意外にも長くない女性のサーフライフセービング活動はこの間着実に発展し，現在，女性の会員はオーストラリアのサーフライフセービングにおいて重要な役割を担っている。

3

ライフセービング競技の歴史

3.1. 日本におけるライフセービング競技の歴史

3.1.1. 日本における競技会のはじまり

　日本のライフセービング競技の歴史を語るには，どの時期をもって「ライフセービング」競技会とするかが問題である。換言すれば，日本のライフセービングの歴史もそうであるように，

写真3-1　第1回ライフガード大会を企画したメンバー（1975年）

「ライフセービング」という名称が，わが国で正式に使用され始めたのがそんな遠くない年月であるため，ここでは1975（昭和50）年，湘南指導員協会の企画，立案により，鎌倉・材木座海岸にて開催された「第1回ライフガード大会」を日本のライフセービング競技の始まりとすることが妥当ではないかとの結論に達した。

　当時は，日赤水上安全法がその水難救助員，すなわちライフガードと呼称される者の必要不可欠な技術として，実際の救助時にもその方法が主とされた。種目自体もそれに主眼をおいた「ファイアーマンズキャリー」「スリーメンズキャリー」「複合リレー」など，クラフトなどを一切使用しない，つまり素手での救助力を競うものであった。その種目以外に，特定の海のライフガードたちがこよなく愛した「カッターレース」を加える4種目であった。

写真3-2 ファイアーマンズキャリー種目

出所)『神奈川新聞』1985年8月13日付

　それぞれのクラブはその技術を自己のものとするために，日々の練習を重要とし，実際の救助が求められたとき，瞬時にその行動がとれる技術の練磨は誰に言われること無く続いた。その根底を支えているのが持久力あるいは瞬発力といった基礎体力であり，その機能を強化するには他者との競い合いが最も近道であり，より強い自己を研鑽した。そんな自然発生的に生まれたのが「ライフセービング競技」であり，その競技会で生まれる友情，技術の再確認なども魅力に加わり，第1回ライフガード大会（参加者50名）より，第9回大会の荒雨のための中止を加えれば，今日までに第28回大会を迎えた。

　第2回大会は，「辻堂海浜プール」のライフガードたち，第5回大会では，女性（同プール）だけで構成したレディースチームが参加した。それまでは男性中心の大会であったが，「人命を救うことに男女の差異はない」という根本的な考え方に集約される。

　1981（昭和56）年第7回大会においては，カッターの保有チームが少ないため，この競技の中止が発表された。保有していたチームにとっては，大変残念なことであり，カッター（複数で漕ぐ）は，そのチームの団結力を高揚するに最も適していたからである。実際，競技種目でなくなったカッターは，次第にその存在自体が薄くなりはじめ，今日では実際の救助艇として使用しているチーム，クラブは皆無である。わが国のライフセービングクラブとしては最も古く，カッターをクラブの大切な伝統としていた西浜SLSCでさえ，保有していた2艇のカッターを消却した。しかし，その代わりに，1996（平成8）年オーストラリア・マンリーLSCより，従来の艇よりは遙かに大きいカッター（正式にはサーフボート）を購入した。

　1983（昭和58）年第8回大会を迎える頃になると，参加人数は約200名になり，その主催は，湘南指導員協会（競技大会実行委員会）であったが，同年に発足した，日本ライフガード協会（JLGA）がその意思を引き継ぎ，1984（昭和59）年第9回大会より主催することとなった。

3 ライフセービング競技の歴史

写真3-3　新たなカッターにより伝統を継ぐ西浜 SLSC

出所)『ライフセーバー』日本実業出版社

　しかし，第9回は荒天，荒海のため中止となる。この決定には多くの議論があり，「こんな時こそ，救助が要求されるのではないか」「これを目標に練習をしてきたのに」との発言が選手側からあがった。これに対して主催者側は，「安全は我々の最も優先すべきもの」「大会が目標ではない，人命救助が目標ではないか」などの説明がなされた。

3.1.2.　「ライフガード大会」から「ライフセービング選手権」へ

　第12回大会を終える頃，国内の活動は1983（昭和58）年から始まった豪日交換プログラム（詳細は2.1.「日本におけるライフセービングの歴史」参照）により，オーストラリアよりライフセービングメソッドが伝わった。それを機に，梅雨明けの6月に「ジャパン・サーフカーニバル」との名称にて，サーフ・ライフセービング競技を主とした大会が開催された。

　「第2回サーフカーニバル」大会当日，雲一つない快晴ではあったが，海の状況はかなり大きな波が打ち寄せるコンディションにあった。大会はいやがおうにも盛り上がっていたその時，海岸端の岩壁から悲鳴とともに多くの遊泳客が溺れはじめた。競技は中断され，選手全員が救助体制に向かった。ある者はレスキューボードで救助し，また，ある者は心肺蘇生法を実施。最終的には，約1時間に数十名を救助するという中，残念ながら一人が還らぬ人となった。ま

さにこの事故は，ライフセービング競技の参加者全員のこころに，深い事実として刻まれ，改めて安全対策を見直す教訓となった。そんな過去をもつ大会だけに，ライフセーバーたちにとっては夏本番に向け，身の引き締る大会と親しまれ，今日では日本初の世界大会開催地（伊豆白浜海岸）というゆえんから，「RESCUE'92」メモリアル大会として開催されていたが，今日では千葉県などでも開催されている。一方，湘南での「ライフガード大会」は日本ライフセービング評議会（JLSC）主催となり，名称も「ライフガード大会」から「インタークラブ・ライフセービングチャンピオンシップ」と改め，競技種目も，従来の種目からオーストラリアのサーフライフセービング競技種目が多く取り入れられるようになった。この背景は，従来のライフガード大会が，監視業務の最も多忙を極める真夏に行い，時間は監視業務が始まる前，すなわち早朝午前5時から7時の約2時間であった。そこで，主催者であるJLSC側からの発表によって，1987（昭和62）年第13回大会からの開催日を，ほとんど海・プールの監視業務期間が解かれる9月に設定し，時間も午前9時より午後5時までとした。これらの背景には，従来の大会開催条件において，監視業務に支障をきたすとの意見が多くあったこと，または，大会本来の目的であるところの普及には，あまりにも適していない時間帯であり，関係者以外には知られないデメリットがあった。さらに，ライフセービング活動が盛んになるにつれて，各種救助器材（クラフト）の保有が多くなり，これまでの数少ない素手のみの種目だけでは，若いライフセーバーを魅了させる大会には限界があった。それに比して，今日の開催条件により，全国からの参加が可能となり，参加人数が大幅に増加していった。大会名も「インタークラブ・チャンピオンシップ」と名付けた理由には，今後オーストラリア同様，この活動が地域に根ざし，いずれ全国の海岸・プールには「ライフセービングクラブ」が設立され，そのクラブ対抗戦の対応ができると願ったのである。しかし，このような前進の背景には，従来の「ライフガード大会」を継承していく人びとが存在し，後に設立された神奈川ライフセービング協会主催によって今日も毎年開催されていることは記しておきたい。

3.1.3. 学生選手権・全日本選手権

　ライフセービング活動の普及の成果は，その年ごとに開催される大会の規模によって伺い知ることもできる。地域に根差すことと並行して発展していったのが，学生によるクラブである。
　日本の自然環境から考えて，オーストラリアのクラブ形態をそっくりそのまま位置付けようとしても無理があり，年間を通してそこに位置する学生主体のクラブが設立されることはごく自然であり，わが国独自のクラブ形態として，今日まで地域クラブ同様に発展している。これらライフセーバーらが卒業後，地域クラブに位置付くという流れが期待された。その学生クラブ設立には多種多様な学部専攻の学生で作られていることは歓迎された。
　JLSCは，それらの支援および発展を願うための大会を1986年9月14日に湘南辻堂海岸にて

3 ライフセービング競技の歴史

写真3-4 「命を救う」スポーツと題された

出所)『朝日新聞』1994年1月24日付朝刊

「第1回全日本学生ライフセービング選手権」を開催した。これら，ライフセービング大会が複数開催されてくると，その種目に必要な器材の普及，そして女性ライフセーバーを含む参加者の急増は，協会関係者を驚かせるに終わらず，競技会運営にも更なる改善が求められた。将来の発展も鑑み，世界連盟に於けるルールに則した前進が望まれ，1989年，90（平成元，2）年第15回，16回大会と並行し，「全日本選手権」を開催した。1991（平成3）年国内を代表するSLSAJとJLGA両団体の統一がなされ，同年4月「日本ライフセービング協会（JLA）」が設立された。それに伴い競技会も，従来の「インタークラブ・チャンピオンシップ」を「全日本選手権」に集約し，事実上「全日本ライフセービング選手権」を，わが国におけるナショナル大会として位置づけた。1994年1月に朝日新聞は「命を救う」スポーツ，水難救助法から競技に，大学などで人気急上昇というリーディングの元に大きく取り上げた。

3.1.4. 国際大会

2年に一度開催されている世界大会は，1981年にインドネシアで開催されたことを第1回目としている。正確には「The 1st Interclub Life Saving Championship」であり，世界大会の歴史でも，

前身は「インタークラブ」選手権の名称を使用している。わが国に於ける代表選手が世界大会で活躍し始めたのが，1986年にカナダ・バンクーバーにて開催されたビーチスプリント種目において，ジョン・フリッツ選手が金メダルを獲得している。彼の生地はミクロネシア・トラック島で，当時は東海大学学生であり，日本ライフガード協会役員宅に住んでいた。現在はミクロネシア大使館公使の地位にあり，日本とミクロネシアとの文化の交流に努めている。1990年にドイツ・リュウベックにて開催された2kmビーチラン種目において深山元良選手が金メダルを獲得した。さらに，1994年イギリス・カーディフ，96年南アフリカ・ダーバンで開催されたビーチフラッグス種目において，鯨井保年・遊佐雅美両選手らが金メダルを獲得している。また2001年には国際ワールドゲームスが秋田にて開催され，日本代表チームの競技力は世界でも引けをとらないことを証明した。これらのことはマスコミを通じ，日本のライフセービングが世界へ，より多く伝わるきっかけとなり，国内においてもライフセービング普及には多大なる貢献があったといえよう。

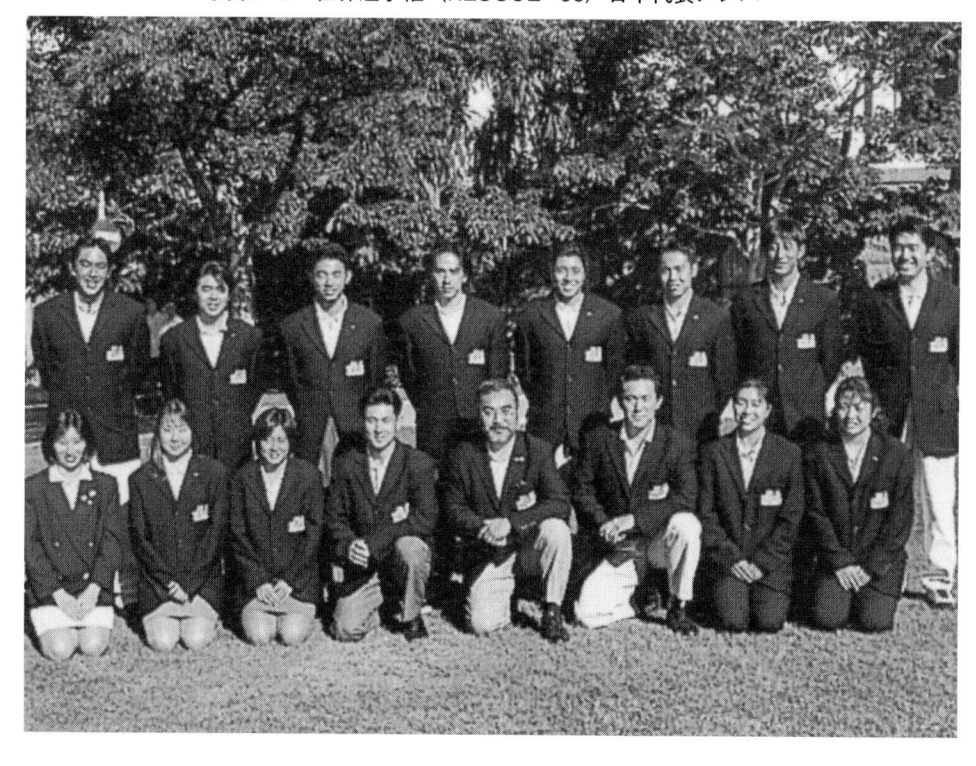

写真3-5　世界選手権（RESCUE'96）日本代表メンバー

3.1.5. 我が国初の世界選手権（RESCUE'92）

　わが国のライフセービング競技の歴史に最も深く刻まれているのは，1992（平成4）年6月に，

3 ライフセービング競技の歴史

静岡県下田市で開催された世界大会であろう。この世界大会は国際ライフセービング連盟(ILS)が主管となり、水辺の安全体制の確立や水の事故防止、そして海浜の有効利用による文化の向上と安全思想の普及を目的に、それに伴う行事として「世界選手権」「国際シンポジウム」「国際救急医療器材展」「国際会議」などが開催された。この開催には文部省、外務省、自治省、運輸省、海上保安庁、警察庁、各国大使館などが後援となり、他に多くの企業・団体における協賛、協力があったことはその大会のスケールの評価に値する。また、パブリシティー報告書より、テレビ37、新聞41、雑誌30、ラジオ11に取り上げられことは、「ライフセービング」が全国に伝達された事実として、歴史上大きな意味をもったに違いない。

3.1.6. 2002年 世界選手権（アメリカ）における参加辞退の理由

　日本協会は、アメリカにおける世界選手権を辞退した。

　その辞退理由を以下の書面にて、日本代表選手および関係諸機関へ通達した。

　「日本協会理事会は、米国フロリダ州マイアミにて開催される世界選手権を、「9.11同時多発テロ」事件による影響を熟慮し、参加を断念せざるをえない結論に至りました。

　エントリー締切日までその結論を控えていたのは、外務省をはじめ、大使館及び各旅行会社などの現地情報の変化（安全宣言等）を期待しながらも、厳粛に見極めた上での結論であるべきと考えていたからです。日本協会は、86年より世界選手権参加を継続してきた立場から、この結論は誠に残念と理解したうえで、不参加としてのリスクを受けても、「生命の尊厳」を優先致しました。国際連盟より「このような時こそ……」、米国は「テロに屈しないために……」と参加を積極的に呼びかけるメッセージが日本協会に届けられておりました。しかし、ライフセービング大会は他の競技スポーツ祭典とは異なり、生命尊厳を広めることが主旨と理解しています。つまり、レスキューの鉄則はリスクファクターを分析し、事故防止がすべてに優先することこそ真のライフセービングと唱えているだけに、参加の是非は歴史の解決以外ありえないと思われました。いずれにしても、21世紀を担う若い選手（ライフセーバー）らを失うようなことがあってはなりません。ましてや世界選手権開催地は「たんそ菌」事件が発生し、未だその解決には至っておりません。ソルトレークオリンピックのように国家による厳戒態勢にはおそらく及ばない状況下での開催とも推察できます。よって、日本協会の最終決定は、日本のライフセービング界のオピニオンリーダーとしての歴史と、本年度における法人化設立に伴う社会的責任を熟慮し、「メダル」や「競技成績」よりも「生命の尊厳」を最優先することがライフセービング機関がとるべき決定であるとの結論に至りました。ここに謹んで、関係各位にご理解頂きたく存じます。以上」

　この発表において、日本協会は日本代表選手はもちろん、各クラブの反応は大変厳しいものになることは容易に想像し、またその反応に対して確固たる姿勢で臨むことにあった。しかし、

この通達は以外にも冷静に受け止められ，むしろこの判断に賛同する声が寄せられたことは幸いであった。日本代表選手においては，幾つもの選考をクリアするまでの道程を考えれば，この書面通知一枚では如何ばかりかと，私は東京湾の夜景が見渡せるレストランにて，会食しながらの伝達とした。最初，選手らの表情は誠に厳しいものであった。しかし一言一句真意を伝えていくごとに，その表情は徐々に和らぎ，冷静沈着にその判断を胸に刻んでいくかのようであった。実はある選手の親からは，「本人は相当にこの大会の断念に落ち込んでいる……」と，今日まで目指してきた子どもの努力を無にしたくない親の悲痛とも思える電話を私は受けていた。
　後日，日本代表選手の一人から以下のメールが寄せられた（原文のまま）。
　「印象に残っている３つの言葉があった。「競技成績」「メダル」「生命の尊厳」。
　そして，その３つの言葉にはそれぞれの記号がセットになっている。「×」「×」「○」。ライフセービング大会は他のスポーツ競技祭典と異なっていること。生命尊厳を広げることが主旨であること。その言葉に安心した。いままで「競技成績」「メダル」が重視されているのでは，という危惧を感じていたからだ。その危惧は吹っ飛び，と同時に事故防止のための不参加以上の確固たる活動を展開するべき責任が生れた。それは安堵から一転して緊張へと変わった。確かに世界一というメダルはとても大きい。でも，地味で目立たないもっと大切な活動もある。事故防止のためのすべて（あらゆる）の活動。そんな活動を大切にしていきたいと思った。すると突然トレーニングがしたくなった。もっともっと強くなりたいと。世界選手権のためという当面の目標が無くなったからである。これから来る夏に備えたくなった。トレーニングばかりではない。教育，普及……その活動の幅は限りなく広い。まるで海のように。最後に，直接説明を聞き，やる気と切り替えを与えて頂いた。ありがとうございました。」
　この他にも口頭にて同様の受け止め方をしてくれた選手，なかには黙して語らず，ただ頷きながら強く握手を重ねてきた選手もいた。
　以上のように，わがライフセービング界はこの判断を静かに受け止めてくれたかのようである。当初は大変厳しい意見などを予測していただけに，この前向きな受け止め方を改めて知った日本協会理事会こそが，逆にやや後ろ向きであったかと自省しなくもない。もっとライフセービング界を信じ牽引せよと，叱咤激励されたかのようでもある。生命尊厳を普遍とするわが国のライフセービング界の前途へ，明るい光を感じる結果となった。
　ここに改めて，世界選手権へ向けての準備に努力してきたにもかかわらず，この判断を快く受容して下さった関係各位に対し，心から感謝と敬意を申し上げたい。そして二度とこのような判断をすることのない世界平和に向けて，静かながらも深くて明確な足跡を残せる日本協会でありたいと思います。
　最後に，国際ライフセービング連盟・アラン会長，ヘラルド事務総長へ，この世界選手権辞退を前向きに受け入れたわが日本ライフセービング界を私は誇りとします。そしてわが原点，

オーストラリアの新聞記事に書かれてあった言葉を信じています。「ライフセービングのように，スポーツに人道主義の目的が備わったとき，そのスポーツこそ奨励するに値するものである。」

3.2. オーストラリアにおけるサーフライフセービング競技の歴史

3.2.1. サーフカーニバルの始まり

初のサーフライフセービング競技会（サーフカーニバルと呼ばれている）は，1908（明治41）年1月25日，マンリービーチで行われた。その目的は，「一般の人びとのサーフライフセービングに関する興味を高めること」また「海水浴に関する教育を行うこと」であった。最初は，まだ競技色の濃いものではなく，「救助器具の展示」「救助のデモンストレーション」「ジェームス・クックがオーストラリア大陸を発見し上陸したときの再現」および「サーフレース（海で行われるスイムレース）」というようなイベントが行われた。そのようなサーフカーニバルは，ボンダイやニューキャッスルなどの他のビーチでも行われるようになっていった。しかし，それらの競技会は，地域のクラブごとに個々に開催されていたため，1909（明治42）年からニューサウスウエールズ・サーフベイジング協会では，協会主催で「選手権大会」を開催すべきであるという意見が検討され始めた。

選手権大会とは，全てのクラブが集まって行われる大会のことを意味する。その議論の結果，1915（大正4）年3月20日，オーストラリアで最初の「ニューサウスウエールズ・サーフライフセービング選手権大会」がボンダイビーチで開催された。その大会での競技種目は，「レスキュー・アンド・レサシテーション（海に溺者を想定し模擬救助を行う競技）」と「サーフレース」であった。その後，その選手権大会は年に一度開かれるようになり，参加クラブ数および競技種目数が増えていった。

サーフライフセービング選手権大会は，1915年に始まってから32年目にして初めてシドニー以外の場所で開催された。1947（昭和22）年の選手権大会は，クイーンズランド州グリーンマウントビーチとサウスポートビーチで行われた。そして，1951（昭和26）年には，ウエスタンオーストラリア州スカーバラビーチで開催された。そのことは，年に一度の選手権大会がオーストラリアの各州で行われるようになり，全国規模の大会に発展していったということの裏付けであったといえる。

トラディショナル競技は，「ビーチ種目」「スイミング種目」「ボード・スキー種目」「複合種目」「サーフボート種目」「レスキュー種目」などのカテゴリーに分けることができる。またトラディショナル競技の特徴は，大人たちだけの競技ではなく，子どもたちも参加できるようになっている。たとえば，16歳以下，18歳以下，21歳以下，オープン（年齢制限なし）などの年齢制限を設けて種目が行われる。現在では全豪選手権大会を始め，州大会，各クラブ主催大会と

数多くの競技会が開催されている。特に，全豪選手権は，歴史上2回の世界大戦中の中止を除いて，オーストラリアの「サーフライフセービング界最高峰の大会」として，毎年その伝統を築き続けている。したがって，以下はそれぞれの種目について，どのように発展し，いつ頃から全豪選手権に導入されたのかについて紹介する。

3.2.2. それぞれの競技種目の始まり

ビーチ種目

「ビーチスプリント」「ビーチリレー」などの主なビーチ種目は，1910（明治43）年頃からサーフカーニバル（クラブ単位の競技会）で行われるようになった。そして，1920（大正9）年に行わ

写真3-6　マーチパスト

出所）Galton, B., *Gold, Silver, Bronze Australian Surf Life Saving Championships Official Record*, A Surf Life Saving Queensland Publication, 1993.

れた第2回の全豪選手権大会から種目に導入された。ビーチスプリントは、救助の際、砂浜を走って移動するときに必要な敏捷性やスピードを追求したことから考案されたレースであると考えられている。当初、ビーチリレーは、フラッグ（バトン）を「すれ違い方式」で次のランナーに渡すことから「ビーチフラッグリレー」と呼ばれていた。ビーチスプリントやビーチリレーは、当初、砂の上で1人100ヤード（約91.4m）を目安として、走る距離が決められていた。現在の競技ルールにおけるビーチスプリントの距離「約90m」というのは、この100ヤードの距離がもとになっていると考えられる。ビーチ種目の中には、「マーチパスト」や「ビーチフラッグス」などのような斬新な種目がある。ビーチフラッグスは、今でこそ人気種目としてとてもシリアスに行われているが、種目が考案された当初は、楽しみを目的としてサーフカーニバルの種目に加えられていった。マーチパストは、サーフカーニバルにおけるセレモニーとして行われるようになり、チームの砂浜での行進を採点競技化して、その同調性を競うようになった（写真：3-6）。マーチパストは、1920（大正9）年、ビーチフラッグスは、1947（昭和22）年の全豪選手権大会から、それぞれ種目として導入された。

スイミング種目

「サーフレース」は、1908（明治41）年に開かれた初のサーフカーニバルからすでに行われて

写真3-7 ベルトレース（1951年）

出所）Galton, B., *Gold, Silver, Bronze Australian Surf Life Saving Championships Official Record*, A Surf Life Saving Queensland Publication, 1993.

いた最も伝統的な種目といえる。初めてサーフライフセービング技術を競技化しようと試みた当時は，泳いで救助することが主な救助方法であった。したがって，海での泳力を競い合うということは，最も基本的で説得力のある種目であったと考えられる。このサーフレースは，1915（大正4）年に開催された第1回の選手権大会から現在まで行われ続けていて，レスキュー・アンド・レサシテーションとともに最も伝統のある種目といえる。また，オーストラリアでは，1920（大正9）年から選手権大会に導入された「ベルトレース」といわれる種目がある（写真：3-7）。これは，レスキューリール（P20参照）と呼ばれる救助器具を使って救助力を競うという種目で現在も行われている。

ボード＆サーフスキー種目

ボードやサーフスキー種目がサーフライフセービング競技に導入されるようになるためには，ボードやサーフスキーの器具の材質や性能の発展が深く関わっている。なぜならば，器具の材質が発展し性能がよくなることにより，救助器具として誰もが使えるようになり，また，競技

写真3-8　木製のサーフボード（1947年）

出所）Galton, B., *Gold, Silver, Bronze Australian Surf Life Saving Championships Official Record*, A Surf Life Saving Queensland Publication, 1993.

としてもスピーディーでエキサイティングな場面が増え人気が高まるからである。

　1915（大正4）年ハワイからオーストラリアを訪れたデューク・カハナモクがサーフィンのデモンストレーションを行ったことが，オーストラリアのサーフィンの幕開けとなった。そしてデュークによって伝えられたサーフボードはオーストラリアで改良され，救助器具の一つとして使うことができないだろうかと議論されるようになっていった。しかし，波に乗ってボードをターンさせることを楽しむ，いわゆるサーフボードライディングに対して，サーフライフセービングでは，パドリング（漕ぐ）することによってより速く進むことが目的とされた。その結果，サーフィン（波乗り）用とは異なるデザインのボードが考案され，サーフライフセービング独特のボードが作られた。つまり，サーフライフセービングにおけるボードの普及は，その構造と材質の進歩による「ボード性能の向上」が強く影響したといえる。

　オーストラリアにおいてデュークからサーフィンの技術とボードを譲り受けたC.ウエストは，サーフィンのみを広めただけではなく，マンリービーチで海での救助活動のためにボードを使うことを試みた。当時は，レッドウッド（スギ科の木）やシュガーパイン（マツ科の木）から作られた木製のボードが使われていた。しかし，それは大変重く扱いにくいものであった。サーフボード製造についての技術革新は，アメリカでT.ブレイクによってなされた。1920年代，彼は，初めて「ホローボード」といわれるボードをデザインした（写真3-8）。ホローとは「中空」という意味で，ホローボードとは，構造上，平らなデッキ（上面）と丸まったボトム（ボードの底面）のそれぞれの板を組み合わせることによって作られていた。これらのボードは，さまざまな長さに作られ，特にパドルボード用として作られたボードは5.5mを超すものもあった。この新しいデザインによるボードは，当時ハワイなどで行われていた「ハワイアン・サーフボード・パドリング選手権大会」などで使われるようになった。パドリング・レースとは，長い距離をボードを使ってパドルし，その速さを競い合うレースのことである。考案者T.ブレイクは，自らこの大会に参加して1930（昭和5）年の大会で優勝し，ホローボードの性能を自ら証明した。そして，このボードの導入は，数十kmにもおよぶ長距離パドリングボードレースの開催を可能にした。当時行われたパドリングレースの主旨の一つに，海における救助技術を競うという考え方があったかどうかは過去の歴史書を読んでも明らかではない。しかし，これらの競技形式やボードの発展は，オーストラリアに大きな影響を与えたことは事実である。オーストラリアは，1920年代になって，本格的にホローボードが作られるようになり，サーフライフセービングの影響から，波にうまく乗るためのサーフィン技術よりも，パドリングのスピードを競うパドリングレースに人気が高まるようになっていった。そして，1946（昭和21）年から「ロングボード種目」という名称でいわゆるパドリングレースが全豪選手権大会に導入された。

　オーストラリアで劇的にサーフボードが普及したのは1950年代に入ってからであった。1956（昭和31）年，第16回オリンピックがメルボルンで開催された頃と時を同じくして，オーストラ

写真3－9　ボードレスキュー

出所) Galton, B., *Gold, Silver, Bronze Australian Surf Life Saving Championships Official Record*, A Surf Life Saving Queensland Publication, 1993.

リア・サーフライフセービング協会の招待によってアメリカのライフガードチームがオーストラリアを訪れた。その時彼らは地域クラブ主催のいくつかのサーフカーニバルで，「ポリウレタン・フォーム」と「ファイバーグラス」から作られた「マリブボード」を使い，デモンストレーションを行った。このマリブボードは，1950年代にアメリカでB.シモンズという人によって考案された。このサーフボードの製造は，ポリウレタン・フォーム（気泡のあるプラスティック材質）をファイバーグラスでコーティングすることによって作られた。そしてこの製造技術は，ホローボードをデザインしたT.ブレイク以来の技術革新ともいえる程のものであった。なぜならば，どんな型や大きさにも作ることができ，木製のボードよりはるかに軽く，また，たとえ小さくても十分な浮力を得ることができたからである。またマリブボードの「マリブ」という名前は，B.シモンズによってデザインされたこのボードの人気が最初に高まった，アメリカのカリフォルニアにあるビーチの名前にちなんでつけられた。このアメリカのライフガードのデモンストレーションがきっかけとなって，オーストラリアでも新素材のポリウレタン・フォームとファイバーグラスから作られるマリブボードが製造されるようになったのであった。

　この新素材のマリブボードは，1960年代にサーフライフセービング競技に導入され，そして1970（昭和45）年の全豪選手権大会から「パドルボードレース」として，新しい素材を使ったマリブボードによるパドリングレースが導入された。当時このマリブボードを使ったパドルボードレースは，すでに選手権大会で行われていた「ロングボード種目（古いタイプのボードを使ったレース）」と分けて行われるようになった。その理由は，新素材を使ったマリブボードのスピードは，古いタイプのボードと比べて歴然としていたからであった。その後，ロングボード種目は，1986（昭和61）年の全豪選手権大会を最後にボードの技術革新が理由で削除された。それに変わって，1987（昭和62）年の全豪選手権大会からは，ボードを使った救助方法を競技化し

3 ライフセービング競技の歴史

写真3-10 サーフスキー

出所) Galton, B., *Gold, Silver, Bronze Australian Surf Life Saving Championships Official Record*, A Surf Life Saving Queensland Publication, 1993.

た「ボードレスキュー種目」が導入されたのである（写真3-9）。

「サーフスキー」は，1930年代になって作られるようになり，それは，サーフボードから発展したものだと考えられている。サーフボードとの違いは，ボードの上にすわり（長座），パドルをもって漕ぐことであった。当時のサーフスキーは，短く幅広でとても重く，一人では水の中まで運べない程であった。また，その製造については，木製のサーフボード（ホローボード）とほぼ同様に作られていた。サーフスキーも，ボードと同様に，サーフライフセービングの救助器具の一つとして考えられるようになった。サーフスキーは，「シングルスキー（1人乗り用）」と「ダブルスキー（2人乗り用）」の2つのタイプがあった。1940年代のサーフカーニバルでサーフスキーの人気が高まってきた頃は，シングルスキーもダブルスキーも同一種目として競われていたが，後に別々の種目に分けられるようになった。サーフスキーの人気の高まりとともに，1947（昭和22）年の全豪選手権大会からシングルスキー，ダブルスキーの種目が導入され，その後サーフスキーの技術革新は，オリンピックのカヌー競技からも応用され，人の力によって進む救助器具としては最も速いスピードを生みだす器具に発展した（写真3-10）。

複合種目

サーフライフセービング競技には，スイム，ボード，サーフスキーなどが複合してできた種

目がある．現在，最も人気のある種目といえる「アイアンマンレース」は，1966（昭和41）年クイーンズランド州クーランガッタで開かれた選手権大会から導入された．アイアンマンレースとは，海でスイム，パドルボード，サーフスキー，および砂浜のランのそれぞれの種目を，一人で連続的に行う複合種目のことである．この種目は，1965（昭和40）年アメリカから導入されたレースであり，アメリカではライフガードに必要な技術，体力を総合的に向上させるためのトレーニングとして行われていた．また，1974（昭和49）年には，「タップリンリレー」が全豪選手権大会に導入された．タップリンリレーとは，アイアンマンレースのそれぞれの種目を，何人かでリレーするチーム種目のことで，この種目もアイアンマンレースと同様にアメリカで考案された．そのレースの名前は，考案者であるカリフォルニアのライフガード「ジャッジ・タップリン」にちなんで名付けられた．

女子種目

オーストラリアにおいて，女性のサーフライフセービングへの参加は長い間制限されていた（2.2.「オーストラリアにおけるライフセービングの歴史」参照）．サーフライフセービング競技の面においてもその制限には変わりなかった．

女子の一つひとつの種目は，すでに発展していた男子種目にならって同様に行われた．全豪選手権大会に目を向けると，1985（昭和60）年の大会から女子種目が行われるようになり，その大会では，「女子サーフレース」「女子パドルボードレース」および「女子ビーチスプリント」が行われた．以後，1992（平成4）年に開かれた全豪選手権大会からは，「アイアンウーマン（当時は男子アイアンマンの形式からサーフスキーを除く）」，1993（平成5）年からは「女子ビーチフラッグス」がそれぞれ導入された．現在これらの種目は，男子同様の人気を集めている．

サーフライフセービング独特の種目

オーストラリアのサーフライフセービング競技には，救助に必要な体力要素を競い合う種目だけでなく，海での実際の救助を想定し，一連の救助の正確性を採点競技化した種目もある．「レスキュー・アンド・レサシテーション」という種目は，1915（大正4）年に開かれた第1回の選手権大会からすでに行われていた．この種目は，レスキューリールを使って溺者役の人を救助し，岸に引き上げ心肺蘇生法を施すという一連の救助を，採点競技として競い合われた．この種目は，多少のルールの変更はあるものの，サーフライフセービング競技の重要な種目の一つとして現在でも行われている．また，1982（昭和57）年の選手権大会からは「ファーストエイド・コンペティション」が導入された．ファーストエイド・コンペティションとは，陸上であらかじめ設定された傷病者に対して，制限時間内にいかに適切な処置を施せるかどうかを競う採点競技である．これらサーフライフセービング競技独特の種目は，実際の救助に最も近い

3 ライフセービング競技の歴史

設定で行われ,サーフライフセービング競技の中でも重要な種目として考えられている。

また,サーフライフセービング競技の発展は,それに関わる救助器具の発展と深く結びついているといえる。オーストラリアで最初に使われた海での救助器具は「サーフボート」であった。1903（明治36）年,マンリービーチではスライ兄弟を中心とした数名がボートを使ったパトロールを行っていた。その後,「ブロンテ・サーフライフセービングクラブ」のライフセーバー,W.ビデルは,フィッシングボートではなく救助専門のボートをデザインすることに挑戦し,2つの船体を並べて作った,いわゆる「双胴船」や,船首と船尾に浮力のあるタンクを付けた「ダブルエンド・サーフボート」などを作った。1910（明治43）年には,ニューサウスウエールズ・サーフベイジング協会によって,初めて5人乗りのサーフボートが作られた。また,1913（大正2）年,マンリーのF.ノッティングはマツ科の木を材料とし船底がバナナのように大きく弧

写真3-11 サーフボード

出所）Galton, B., *Gold, Silver, Bronze Australian Surf Life Saving Championships Official Record*, A Surf Life Saving Queensland Publication, 1993.

を描くような形をしたボートを作った。これが現在のサーフボートのデザインの先駆けと考えられている。サーフボートは，時代が進むにつれてレスキューチューブ，レスキューボード，IRB（救助用の船外機）などの他の救助器具の発展により，その使用が限られていった。それに伴いサーフボートは，救助器具としての役割より，むしろそれらの速さを競うサーフボート競技としての興味が注目されていくようになった。そして1915（大正4）年，フレッシュウォーターで開かれたクラブ主催の競技会で初めてサーフボートレースが行われ，その後，1920（大正9）年の全豪選手権大会に導入された。現在行われている「サーフボート種目」は，岸から約400m離れたブイをまわって戻ってくるというルールで行われ，約8mあるボートを，波の崩れてくる中で協力して操作するチームワークが要求される（写真3-11）。また，1969（昭和44）年，「IRB（Inflatable Rescue Boat）」と呼ばれる救助用の船外機が考案された。この救助用船外機は，アバロンサーフライフセービングのW.ミッチェルが，イギリスで使われていた4.5mの救助用船外機を参考にして考案したものであった。ミッチェルは，イギリスの救助用船外機を，海のように波がある状況でも使えるように改良し，また海での救助方法を考案した。これがオーストラリアにおけるIRBの起源であるとされている。その後IRBは，いくつかのボートやエンジン・メーカーと共同でより性能の高いものへと発展していった。1970年代になるとIRBの操作技術，救助技術を競い合うための競技会が地域のサーフカーニバルで行われるようになり，1976（昭和51）年救助用船外機を使った競技は，「IRBコンペティション」としてオーストラリア・サーフライフセービング協会によって正式に導入（ルール化）された。このIRBコンペティションは，全豪選手権の種目には含まれていないが，それとは別にSLSA主催によって「全豪IRB選手権大会」として年に一度開催されている。

このように人の力を使う「サーフボート」からエンジンの力による「IRB」へという救助器具の変遷は，救助の現場においては救助効率をよくするために，全く取って代わりうるものである。しかし，競技を通して「チームワーク」や「チャレンジ精神」を養いながら体力や技術の向上を目指すという観点からすると，たとえ，現在の救助の現場でサーフボートが使われる頻度が少なくなっても，競技種目の一つとして大変高い人気を集めているということも理解できることであろう。

プロ競技の始まり

「プロフェッショナル競技」は，1980年代から「トラディショナル競技」から分かれるようにして始まった。プロ競技会とは，選手がレースの報酬として「賞金」を得ることができることを意味し，ライフセービング界でもプロ化のニーズが高まってきた。プロ競技会開催の声は，ある一つの映画によって高められた。「クーランガッタ・ゴールド」という題名のその映画は，クイーンズランド州のサーファーズパラダイスからクーランガッタまでを舞台にし，42kmにも

およぶアイアンマンレースを題材にした内容であった。1984（昭和59）年，この映画の制作のために，実際のライフセーバーが俳優として使われ，レースが行われた。そしてそのイベントは，大きな注目を集めた。1985（昭和60）年，「クーランガッタ・ゴールド」の上映開始と併せてオーストラリア・サーフライフセービング協会（SLSAA）とスポンサーであるケロッグス（シリアルの会社）によって第2回の「クーランガッタ・ゴールド・レース」が開催された。さらにSLSAAとケロッグは，1986（昭和61）年，6つのアイアンマンレースからなる「グランプリ制アイアンマンサーキット」を新たに始めた。このアイアンマンサーキットは，最も長いレースで，42kmにもなる持久的なレースであり，サーフライフセービングの普及，宣伝としては大きな影響を与えた。

　現在，サーフライフセービング・オーストラリア（SLSA：Surf Life Saving Australia）は，「ケロッグス・ニュートリグレイン・ナショナル・サーフリーグ」というプロフェッショナルイベントを開催している。そのイベントは，1チーム14人の選手により構成され，7チームの対抗戦として競技が行われる。7チームは，クイーンズランド，ニューサウスウエールズ，ビクトリア，ウエスタンオーストラリア，サウスオーストラリア，タスマニアのそれぞれの州とニュージーランドから選抜される。それぞれの選手は，アイアンマン（アイアンウーマン），ビーチスプリント，ビーチフラッグ，サーフスキー，サーフスイムおよびサーフボートなどの種目に分かれてレースを行うのである。

　一般的には，一つのスポーツ競技が発展し，人気が高まれば高まるほどその競技のプロ化へと移行する発展経緯は，最近のスポーツ界の流れである。オーストラリアにおけるサーフライフセービング競技も，その競技がスポーツとして認められ，そこにマーケットが広がったことは事実であり，その点からみれば他のスポーツと同様の発展経緯をたどっているといえる。しかし，SLSAは，サーフライフセービング競技における「トラディショナル競技」と「プロフェッショナル競技」の存在理由を明確に分けている。前者は，サーフライフセービングが始まって以来，その活動を普及，発展させるために行われてきた。したがって，SLSAは競技参加者に対し，「SLSAが認めたライフセーバーとしての資格を持っていること」，さらに「ビーチパトロールを実際に行っていること」という条件を満たしていなければ競技会に参加できないという規則を設けている。それに対し，プロフェッショナル競技は，報酬（賞金）を得ることができるレースで「競技の人気の高まり」や「エリート競技者のプロ化の要求」が主な要因となって必然的に生まれてきたものといえる。

4
ライフセービングの現状と展開

4.1. 国際ライフセービング連盟

　ILS（International Life Saving Federation：国際ライフセービング連盟）は，ヨーロッパ諸国が中心となって組織された国際連盟 FIS（Federation Internatoinl de Sauvetage aquatique）と，同様に環太平洋諸国が中心となって組織された WLS（World Life Saving）が，1993年に統一して設立されたライフセービングの唯一の国際連盟である。加盟国は131カ国，137団体（2002年現在）であり，2年ごとに開催される総会では，年間30万人といわれる水辺の事故を減らすための積極的な討論が行われている。

　組織はベルギーに本部を置き，アフリカ，アメリカ，アジア太平洋，ヨーロッパの4つの支部に分かれ，それぞれの地域活動を行っている。また，本部の機関として，スポーツ，教育，レスキュー，医療，開発援助の5つの専門委員会を設置し，国際統一基準の策定やライフセービングに関する発展途上国への援助，世界大会の開催などを行っている。

　また，IOC（国際オリンピック委員会）や ICSSPE（国際スポーツ科学体育会議），及び GAISF（国際スポーツ団体総連合），IWGA（国際ワールドゲームズ協会）に加盟し，WHO（世界保健機構）や IRC（国際赤十字赤新月社連盟）からも公認された組織である。

　顧問には，Nelson Mandera　カール16世（スウェーデン国王），John Major（前イギリス首相），Mostafa Mirsalim（イラン文部大臣），Robert J.Hawke（元オーストラリア首相），Charles Haughey（元アイルランド首相），Brian Mulroney（元カナダ首相），Micher Rocard（元フランス首相）が就任している。

4 ライフセービングの現状と展開

図4-1 国際ライフセービング連盟 組織図

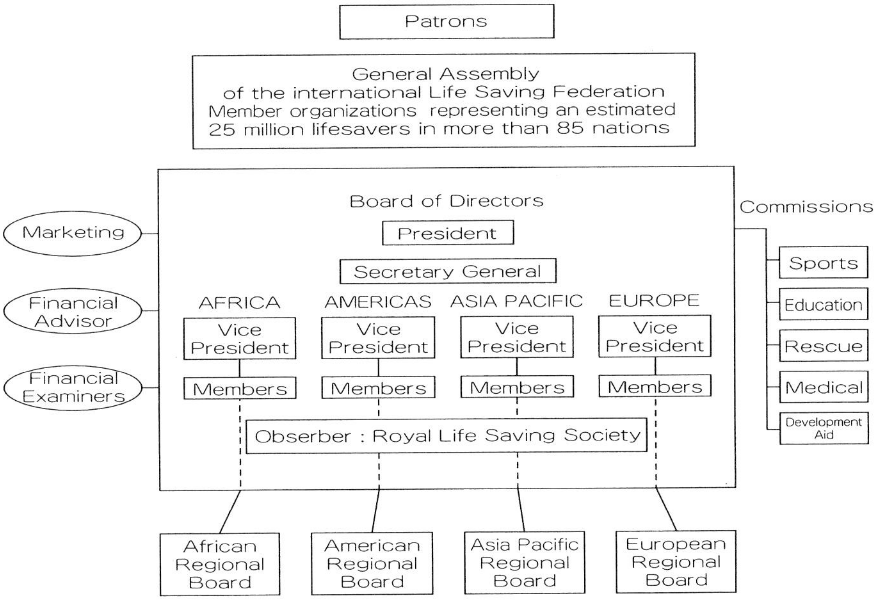

```
                                Patrons
                    General Assembly
              of the international Life Saving Federation
              Member organizations representing an estimated
              25 million lifesavers in more than 85 nations

                          Board of Directors
  Marketing                    President                        Commissions
                           Secretary General                      Sports
  Financial      AFRICA  AMERICAS  ASIA PACIFIC  EUROPE          Education
  Advisor        Vice    Vice      Vice          Vice            Rescue
                 President President President    President       Medical
  Financial      Members Members   Members       Members         Development
  Examiners                                                      Aid
                 Observer : Royal Life Saving Society

              African    American   Asia Pacific  European
              Regional   Regional   Regional      Regional
              Board      Board      Board         Board
```

4.2. 日本のライフセービング

4.2.1. 日本における実状と課題

　近年，国民の生活水準の向上や労働時間の短縮に伴い，余暇時間の有効活用とその活発化，多様化が進む中で，海洋レジャー活動がいっそう盛んになってきている。しかし，華やかな海洋レジャー活動の陰には毎年数千人の水難事故の犠牲者がいる事実を見逃してはならない。わが国における水難事故は年間に1,813件発生しており，その中で1,034人もの死者を出している『警察白書2001』。

　現在，わが国における海浜などの水辺の安全・救助体制においては，海上保安庁を中心に，警察，消防が公的な責任領域として活動を行っている。また，この他に（財）日本海洋レジャー安全・振興協会や，（社）日本水難救済会などの全国組織，各地区の海難救助連絡評議会等の民間組織がそれぞれの目的に応じた活動を展開している。しかし，最も利用の多い海岸から150m程度の海浜については，国・県・市のどのレベルでも本格的な取り組みがなされていない領域であり，より迅速な救助体制が求められている。このため，この領域での海洋レジャー活動が通年化してきている現状は，もはや夏期を中心としながらも，通年にわたる安全指導，監視・救助体制の確立が必須となる。こうした背景により，現在，わが国のライフセービング活動は海洋レジャー活動が盛んな地域を中心に，社会的認知を高めつつあり，さらに全国的に定着させる時期にきている。

そのような中，わが国におけるライフセービング活動の普及が，遊泳者などの事故防止をさらに推し進めるため，日本ライフセービング協会の更なる組織基盤が，内閣府法人認証によって強化され，新たなスタート地点に立ったといえる。

4.2.2. 日本ライフセービング協会(JLA)——日本を代表するライフセービング組織——

2001年日本ライフセービング協会（Japan Life Saving Association）は，国際ライフセービング連盟（131ヵ国加盟）の日本代表機関として，内閣府より特定非営利活動法人認証を受ける。わが

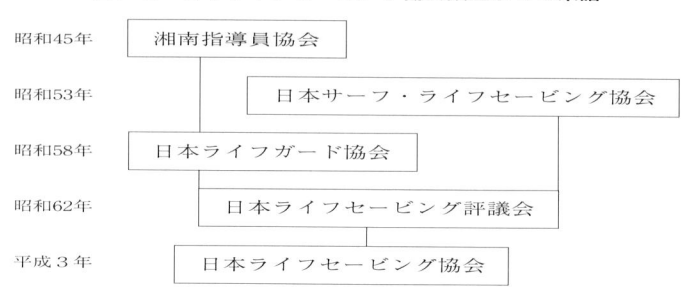

図4-2　日本ライフセービング協会設立までの系譜

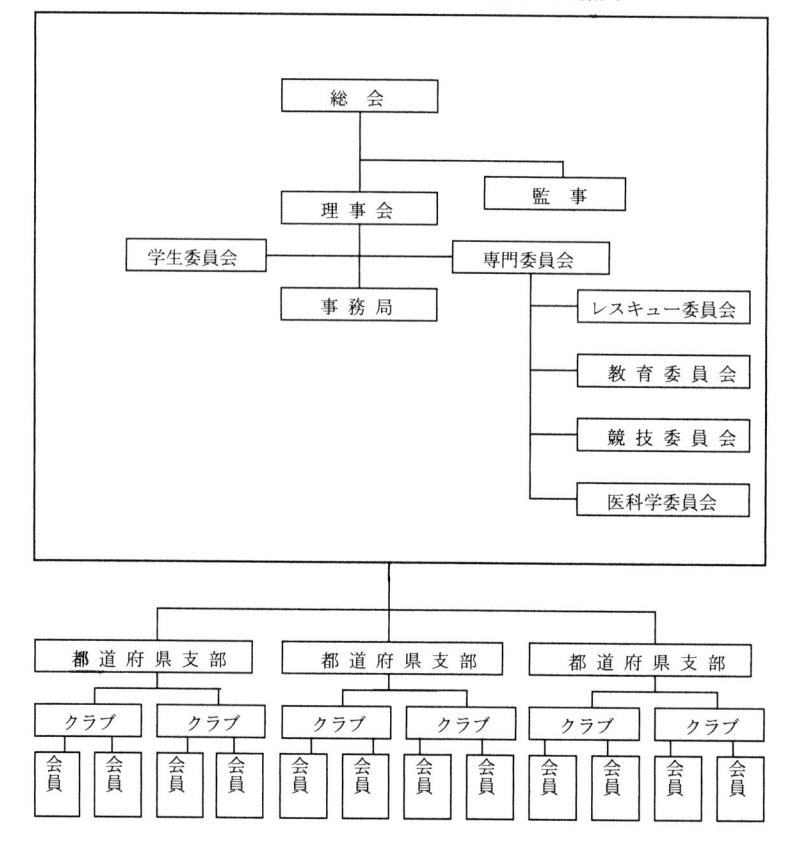

昭和45年	湘南指導員協会
昭和53年	日本サーフ・ライフセービング協会
昭和58年	日本ライフガード協会
昭和62年	日本ライフセービング評議会
平成3年	日本ライフセービング協会

図4-3　日本ライフセービング協会　組織図

```
                総会
                 │
         ┌───────┴───────┐
        理事会           監事
   ┌─────┼─────┐
 学生委員会   専門委員会
         事務局    ├── レスキュー委員会
                  ├── 教育委員会
                  ├── 競技委員会
                  └── 医科学委員会

    都道府県支部    都道府県支部    都道府県支部
     ├─クラブ        ├─クラブ        ├─クラブ
     │ ├会員         │ ├会員         │ ├会員
     │ └会員         │ └会員         │ └会員
     └─クラブ        └─クラブ        └─クラブ
       ├会員           ├会員           ├会員
       └会員           └会員           └会員
```

国におけるその活動は「救助」「環境」「福祉」，そして「スポーツ」によって，「生命尊厳」の教育プログラムにて展開され，それを社会へ貢献するべく地域・学校クラブ化によって，全国へ啓蒙・普及をしている。法人格取得にともない，国際的な視野から，海岸をはじめとする全国の水辺環境保全や安全指導，そして監視・救助などを行い，国民の安全かつ快適な水辺の利用に寄与することを目的とした。事業概要は，1）ライフセービング活動の普及に関する事業，2）水難救助および救急技術の向上，普及に関する事業，3）ライフセービング活動を通じた国際交流に関する事業，4）ライフセービング活動に関する調査事業，5）広報に関する事業，6）水辺の安全管理に関する事業，7）ライフセービング活動に関わる物品・機材などに関する事業，などである。現在1万2,000人以上の有資格者が登録している。

4.2.3. 大竹サーフライフセービングクラブ

わが国の国公立大学において，初めてライフセービングクラブを創部した筑波大学の教員・学生らが中心となって設立したクラブである。茨城県鉾田町大竹海岸を活動拠点に，学校クラブと地域クラブ，および行政・企業・地元住民との信頼関係を構築したクラブとして，その評価は高い。

かつての大竹海岸は，外海にて波が荒く，毎年，数十件もの事故が多発していたが，2000年には無事故と，その実績に対して警察署長，町長より感謝状，または海上保安庁との合同実地訓練などを重ね，公的機関より年々信頼を深めている。さらにはオーストラリア・ノースクリフ・サーフライフセービングクラブとも姉妹提携をしている。特に地域の子どもたちに対する青少年ジュニアライフセービング教室などに力を入れており，たとえば，ビーチパトロール体

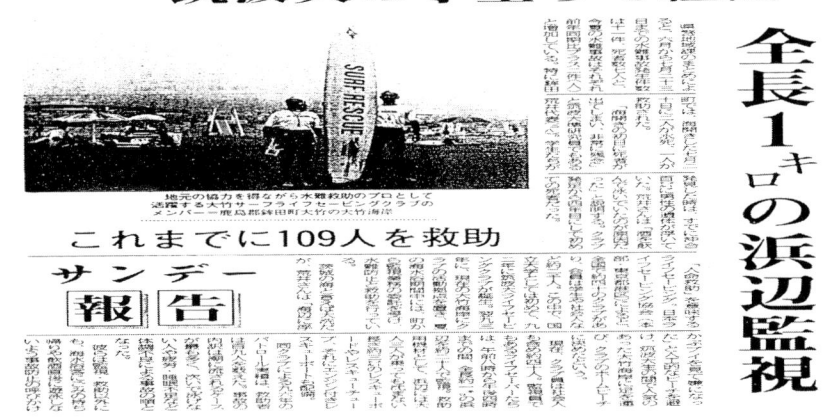

出所）『常陽新聞』1997年8月31日付

験プログラムや，子どもらを監視塔へあがらせ，人命救助に必要な知識などを伝え，監視活動への理解を深めている。さらに波打ち際による波との楽しみ方，ビーチ清掃への生態系への影響など，あらゆる工夫を凝らした教育活動が充実している。いずれは，地元の方々が海との共生を育み，地元の方々が自分たちの海を守るというシステムが体系化されることを願っているという。1993年の発足時より，着実に地域密着型を創る理想クラブといえる。

写真4－1　大竹サーフライフセービングクラブ・コンセプト

写真4－2　大竹クラブハウス（年間使用可）

4.2.4. 日本体育大学ライフセービングクラブ

　1987（昭和62）年に日本体育大学クラブ活動として設立する。部則第３章第３条により「当部はライフセービングを通じ，各人の強健なる身体の育成と人命救助精神の涵養につとめ，もって将来良き指導者となるべき資質の向上とライフセービングの普及，発展に努力するものである」を目的としている。創部以来約10年を経過し，現在では200名を数える大集団となり，クラブ活動の内容も年々充実している。卒業部員もすでに600名を数えるに至り，卒業後は「体救会」という同窓組織に登録する。また，地域クラブとの密接な関係をもち，千葉県を中心とする海浜をはじめとして，プールのライフセービング活動および臨海学校の指導など，年間を通じて自己のレベルにあったプログラムが設定されている。さらに，クラブ活動を通して学習した内容は，「競技力向上指導実習」や「専攻身体運動種目Ｉ」の教科科目とし，最終学年に履修する「専攻身体運動種目Ⅱ」の合計３科目が教育課程の中での単位として公認されていることが特徴である。これは運動部という大学当局のいわゆる体育会に認められている部だけに限られており，ライフセービング部は91年に公認されている。具体的な内容については，ライフセービング活動の内容を体育大学の特徴を鑑み，次のようなカテゴリーにて実践活動を行っている。「救助活動」「教育活動」「スポーツ活動」の３つの柱にて総合基礎的能力を強化している。組織は部長の指導のもと，学生中心に運営されている。

写真4-3　日本体育大学100周年

出所）『スポーツニッポン』1994年10月18日付

図4-4　日本体育大学 LSC 活動の3本柱

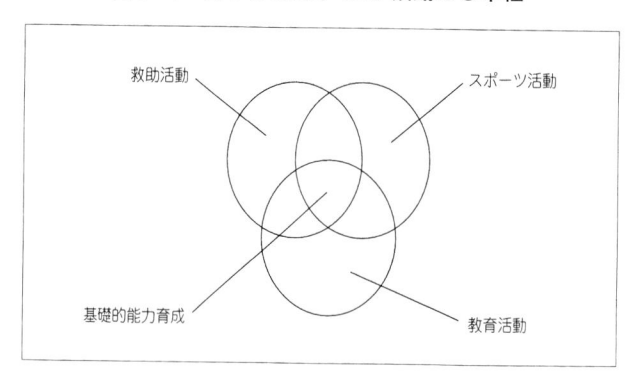

(ベン図：救助活動、スポーツ活動、基礎的能力育成、教育活動)

写真4-4　日本体育大学ライフセービング部

出所)『ライフセーバー』日本実業出版社　1997年　p.115

4.2.5. ライフセービングの必要性

　『国民衛生の動向2001』によると,「不慮の事故」による死亡者数は,死因の第5位(全死亡数の4.1%)となっている。「不慮の事故」には,交通事故,転倒・転落,溺死及び溺水などが含まれるが,「溺死及び溺水」は不慮の事故の総死亡者数の14.8%を占めている。さらに,溺死及び溺水による死亡率(人口10万人対)の国際比較をみてみると,日本は他の先進国と比べ高い値を示している(図4-5)。

　『警察白書(平成13版)』における「水難の発生状況」によると,水難事故による死者,行方不明者数は減少傾向にあるものの,2000(平成12)年中には1,034人の水による犠牲者が記録されている。また,「死者,行方不明者の発生場所」を見てみると,水難事故は,主に「海(51.3%)」や「河川(27.3%)」で発生しており,過去5年間と比較しても発生場所の傾向にはあまり変化がない(図4-6)。同様に過去5年間の「死者,行方不明者の行為」を見てみると,「魚とり・

釣り中」、「水泳中」などが多くなっている（図4-7）。

『海上保安レポート2001』によると、2000（平成12）年中には、磯釣りや海水浴等の海浜でのマリンレジャー活動中の事故に876人が遭遇し、これらの事故による死亡、行方不明者は339人となっている。過去数年間の海浜でのマリンレジャーに伴う事故は、「遊泳中」や「磯釣中」に多く、「スキューバダイビング」「サーフィン」「ボードセーリング」「水上オートバイ」などでも発生している。海上保安庁では、これらのマリンレジャーに伴う事故は、「マリンレジャー愛好者が海や船についての知識を高め、安全に対してほんのわずかな注意を払っていれば防げたと思われるものがほとんどである」と指摘している。

水辺の環境において、少しでも事故を減少させるためには、救助体制の充実や安全教育の普及という役割を担っている「ライフセーバー」や「ライフガード」の存在が大変重要になって

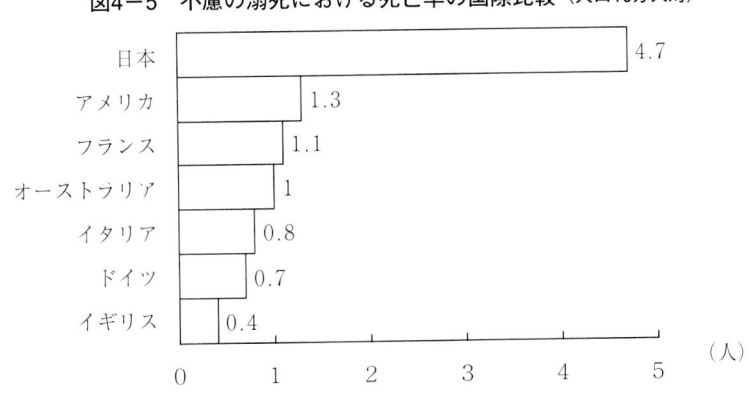

図4-5　不慮の溺死における死亡率の国際比較（人口10万人対）

国	死亡率（人）
日本	4.7
アメリカ	1.3
フランス	1.1
オーストラリア	1
イタリア	0.8
ドイツ	0.7
イギリス	0.4

出所）『国民衛生の動向2001』、WHO（World Health Statistics Annual 1997-1999）、日本（'99）、アメリカ（'97）、フランス（'96）、オーストラリア（'95）、イタリア（'95）、ドイツ（'97）、イギリス（'97）のデータ

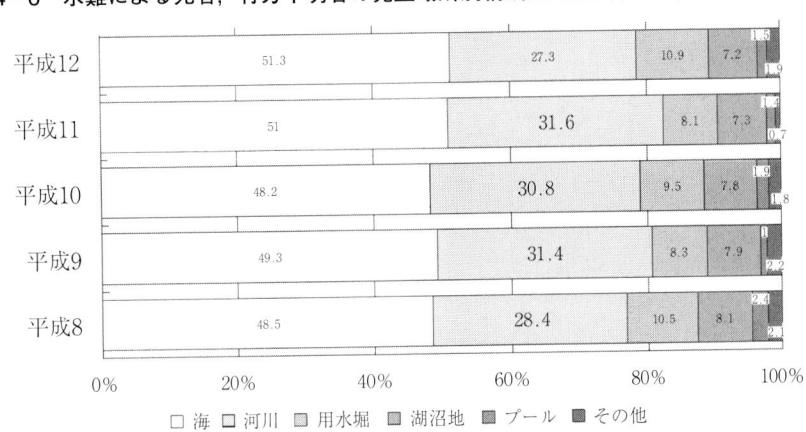

図4-6　水難による死者、行方不明者の発生場所別構成比　1996（平成8）～2000（平成12）年

年	海	河川	用水堀	湖沼地	プール	その他
平成12	51.3	27.3	10.9	7.2	1.5	1.9
平成11	51	31.6	8.1	7.3	1.3	0.7
平成10	48.2	30.8	9.5	7.8	1.9	1.8
平成9	49.3	31.4	8.3	7.9	1.1	2.2
平成8	48.5	28.4	10.5	8.1	2.4	2.2

出所）『警察白書　平成9～13年版』

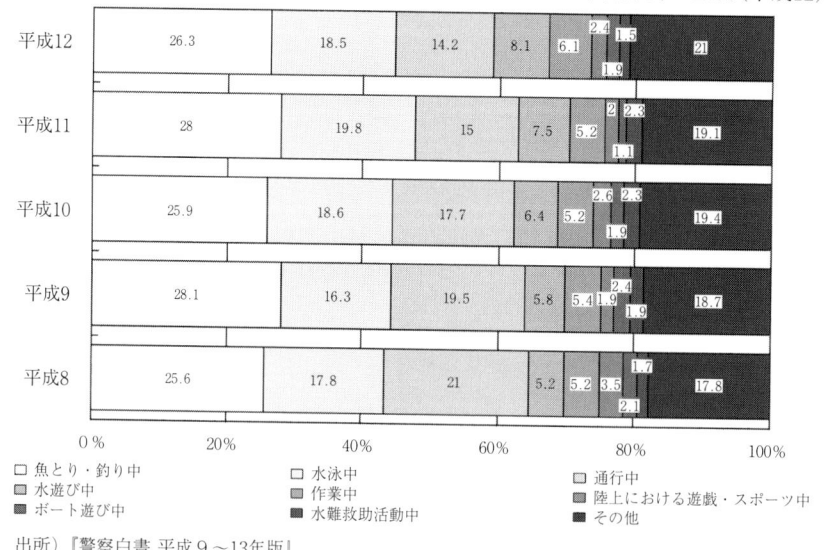

図4-7 水難による死者，行方不明者の行為別構成比 1996（平成8）～2000（平成12）年

年	魚とり・釣り中	水泳中	通行中	水遊び中	作業中	陸上における遊戯・スポーツ中	ボート遊び中	水難救助活動中	その他
平成12	26.3	18.5	14.2	8.1	6.1	2.4	1.5	1.9	21
平成11	28	19.8	15	7.5	5.2	2.2	2.3	1.1	19.1
平成10	25.9	18.6	17.7	6.4	5.2	2.6	2.3	1.9	19.4
平成9	28.1	16.3	19.5	5.8	5.4	2.4	1.9	1.9	18.7
平成8	25.6	17.8	21	5.2	5.2	3.5	1.7	2.1	17.8

出所）『警察白書 平成9～13年版』

くる。特にプールとビーチに着目した場合，多くの国民が余暇活動としてそれらを利用する。『レジャー白書2002』によると，プールでの水泳における国民の参加人口は約2,270万人，参加率は20.8％，また海水浴への参加人口は約2,550万人，参加率は23.4％と報告されている。プールやビーチでの溺水事故は，一刻も早く救助や手当が必要で，もし呼吸や心臓が停止している時は，1分でも1秒でも早く心肺蘇生法を施さなければならない。特に，ビーチで起こる溺水事故は，波打ち際から沖へ数十メートルの範囲で起こることが多いといわれている。その範囲は警察，消防，海上保安庁などの公的機関の目が届きにくい所でもあり，たとえそれらに通報が入ったとしても救助までにはかなりの時間が経過してしまう。そこで常にビーチの人びとを監視し事故防止に努め，危険な状態にある人を直ちに救助するというライフセーバーやライフガードの存在が不可欠である。さらにプールやビーチでの救助は特別の技術や体力が要求される。したがってプールやビーチには十分に訓練されたライフセーバーやライフガードが配置されるべきであろう。

　以上のような現状のもとで，今後さらに水難事故を減少させるために警察庁，消防庁，海上保安庁や民間団体などによって「救助体制の充実」や「安全教育」をより充実させることが必要である。また，ライフセービングはさまざまなスポーツやレジャーなどにおいて安全教育を普及するための必須の内容であるといえる。

4.3. オーストラリアのライフセービング

4.3.1. オーストラリア・ロイヤルライフセービング協会（RLSSA）

ロイヤルライフセービング協会（RLSS：Royal Life Saving Society）は，世界的なライフセービングの普及，発展に大きな影響を与えたと考えられている。その歴史は，1891（明治24）年，ロンドンにおいてウイリアム・ヘンリーという「水泳愛好者」によって設立された。当初は，「ライフセービング協会」とされていたが，1904（明治37）年，イギリス王室から「ロイヤル」という憲章を授かり，団体の名称に「ロイヤル」という冠がつけられた。現在でも，「コモンウエルス（Commonwealth）」という組織に属している国々では，RLSSの活動が盛んに行われている。コモンウエルスとは，過去にイギリスの植民地であった国々によって構成されている組織で，主な国は，イギリス，オーストラリア，ニュージーランド，カナダなどである。オーストラリアでは，オーストラリア・ロイヤルライフセービング協会（RLSSA：Royal Life Saving Society of Australia）が，その活動を統括している。

RLSSAの目的と活動

RLSSAは，「特に水辺の環境において，生命を失うような事故やけがを防ぐこと」を使命として活動を行っている。また，その使命を達成するための目的が，4つ掲げられている。

(1) ウォーターセーフティ，パーソナルサバイバル，ライフセービングおよび心肺蘇生法に関するすべての教育を通して，水辺に関する活動への参加を促進すること
(2) RLSSAやその活動に対する一般社会の理解を高めること，およびRLSSAの教育プログラムへの参加を奨励すること
(3) ライフセービング技術の向上のために，広い範囲における水辺に関する活動への参加を奨励すること
(4) さらに進んだRLSSAの活動を実現するために，教育的な講習会や競技会およびライフガードの活動を促進すること

RLSSAには，1万人を超すインストラクター（指導員），イグザミナー（検定員），事務職員などのボランティアスタッフが登録されていて，これらの目的を達成するために以下のようなポイントに重点をおいて活動を行っている。

【教育プログラムの提供】

「ウォーターセーフティ」「スイミング」「サバイバル」「ライフセービング」および「ライフガーディング」のための教育プログラムを提供し，それらのプログラムは，資格取得を目的とした講習会を通して普及されている（表4-1）。

表4-1　オーストラリア・ロイヤルライフセービング協会（RLSSA）の主な資格と条件

資　格	対　象	目　的	講習項目
ブロンズ・スター	セカンダリースクール（日本でいう中学生）用	安全なウォーターレスキューとサバイバルに関する技術と知識を向上すること	1 理論 2 人工呼吸法 3 ライフベストを投げて行う救助法 4 ロープを投げて行う救助法 5 救助と人工呼吸 6 浮力体を使った救助法 7 溺者からの離脱法 8 溺者の運搬法（20m） 9 潜水 10 水没者の捜索法 11 救助法の判断 12 サバイバル技術 13 泳法（300m）
ブロンズ・メダリオン（最も標準的な資格）	14歳以上	安全なウォーターレスキューを行うために必要な知識, 判断力, テクニックおよび体力のレベルを向上すること	1 理論 2 心肺蘇生法 3 泳がないで手や足や物に捕まらせて行う救助法 4 ロープを投げて行う救助法 5 50m先の溺者の救助（時間制限：3分15秒以内） 6 泳法（連続400m） 7 サバイバル技術 8 浮力体を使った救助法 9 溺者の運搬法（25m） 10 脊髄損傷の処置 11 溺者からの離脱法 12 水没者の捜索と救助 13 救助法の判断
ブロンズ・クロス	ブロンズメダリオンを取得していること	ウォーターレスキューに必要な判断力, 体力をブロンズメダリオンのレベルよりさらに向上すること	1 理論 2 心肺蘇生法 3 50m先の溺者の救助（時間制限：3分以内） 4 泳法（連続600m） 5 溺者からの離脱法 6 脊髄損傷の処置 7 水没者の捜索 8 救助と心肺蘇生法 9 救助法の判断

出所）Royal Life Saving Society - Australia, *Swimming & Lifesaving*, Artarmon: Times Mirror International Publishers Pty. Ltd., 1995.

【一般社会からの理解】

　RLSSAの活動が一般社会から認められることがとても重要であると考え, 一般社会からの理解を得るために「広告宣伝」「デモンストレーション」「競技会」などの手段が用いられている。

4 ライフセービングの現状と展開

【ライフセービングサービス】

「講習会の開催」「ライフガード・パトロールの実施」および「資格を与えるためのインストラクターの派遣」などのサービス事業を行っている。

【マニュアルの出版，提供】

幅広いライフセービングの知識，技術のマニュアルを提供している。

【専門的技術の提供】

「ウォーターセーフティ」「ライフセービング」「ライフガーディング」「スイミングプールにおける安全」などの分野において，政府や広告代理店などに指導を行っている。たとえば，「アクアティック施設の安全なデザイン」のための助言など。

【研　究】

教育プログラムの発展のために「研究活動」を行っている。「心肺蘇生法」についての研究も行われている。

4.3.2. サーフライフセービング・オーストラリア（SLSA）

1907（明治40）年，「サーフライフセービング・オーストラリア」の起源とされている「ニューサウスウエールズ・サーフベージング協会」が設立され，組織的にサーフライフセービングが行われるようになった。当初11のクラブによって設立されたニューサウスウエールズ・サーフベージング協会は，新たに加盟するクラブが増えていき，また他の州に支部が設立されたことによりその活動はオーストラリア全土に広がっていった。そして歴史上，組織の規模の拡大とともにその名称を「ニューサウスウエールズ・サーフライフセービング協会」から「オーストラリア・サーフライフセービング協会（SLSAA = Surf Life Saving Association of Australia）」と変えていき，現在は，「サーフライフセービング・オーストラリア（SLSA = Surf Life Saving Australia）」として政府や企業スポンサーから多額の予算を受けながら活動を行っている。現在，SLSAには約280のサーフライフセービングクラブが加盟し，約400のビーチにおいてパトロールを行っている。また，それらのクラブに所属している会員総数は，約10万人を超え，その内の3万5千人は14歳以下の子どもである。その規模は世界屈指の水難救助団体であるとともに，子どもへの教育活動団体であるともいえる。また，SLSAは，ライフセービングの世界組織「国際ライフセービング連盟」にも加盟し，世界のライフセービングのリーダー的存在となっている。

SLSAの目的と活動

1993（平成5）年の「オーストラリア・ビーチセーフティ・アンド・マネージメントプログラム」の統計によると，オーストラリアには，7,098のビーチがあり，そのうち実際に行くこ

とのできるビーチは4,500程であるとされている。そのような環境をもつオーストラリアにおいてSLSAは,「オーストラリアにおける安全なビーチや水辺の環境をつくること」を使命としてその活動を行っている。その目的は,以下の通りに示されている。

(1) ビーチや水辺の環境における危険を最小限にし,事故やけがを防止すること
(2) ビーチや水辺における安全思想を一般社会に教育し,また,ビーチや海でのレクリエーションの技術,知識を奨励すること
(3) 一般社会にSLSAの活動を認知させること

【ライフセービングサービス】

SLSAの主な活動は,それぞれのサーフライフセービングクラブに所属している会員による「ボランティア・ビーチパトロール（海水浴場の水難救助活動）」である。このパトロールは,資格をもった会員により主に週末,休日に行われている。また,SLSAは,スポーツマネージメントの分野に「サーフスポーツ・オーストラリア」という子会社をもっている。このサーフスポーツ・オーストラリアは,1994（平成6）年に設立され,SLSAに変わってサーフライフセービングにおけるプロスポーツ・イベントのマネージメントを行っている。

【ライフセービング教育】

SLSAは,会員に対してさまざまな資格講習会を提供している（表4-2）。それらの資格は,「レスキュー」「心肺蘇生法」「ファーストエイド」「IRB（救助用船外機）の救助技術」などの分野に細分化されている。また,SLSAは救助技術に関する資格の他に,サーフライフセービング競技に関する資格も会員に提供している。それらは,競技会での「審判員」としての認定資格やサーフライフセービング競技における「コーチ」としての認定資格である。特に,「コーチング資格」は,初級から上級の3つのレベルに分かれていて「オーストラリア・スポーツ・コミッション」というオーストラリアのスポーツ界を統括する特殊法人組織の公認を得ている。

4 ライフセービングの現状と展開

表4-2 SLSAの主な資格と条件

資　格	対　象	試験項目
サーフライフセービング	・13歳以上でSLSAのメンバーであること ・200mを5分以内で泳げること	1 ランスイムラン（100mラン―100mスイム―100mラン）を5分以内 2 海の知識 3 救助に使うシグナルや溺れている人のサイン 4 無線の使い方 5 基本的な自己防衛と溺者からの離脱法 6 レスキューチューブとフィンを使った救助方法（腰の深さから50m沖にいる溺者の救助） 7 レスキューボードを使った救助方法（腰の深さから75m沖にいる溺者の救助） 8 浅瀬からの溺者への処置（溺者の観察と体位） 9 IRBに関する知識 10 心肺蘇生法（15歳以下は人工呼吸法のみ） 11 人工蘇生器の基礎知識 12 基礎的なファーストエイド 13 ロープワーク 14 ビーチパトロールに関する知識 15 地域の緊急サービス（救急車，病院，警察など）への連絡方法の知識
ブロンズ・メダリオン	・15歳以上でSLSAのメンバーであること ・400mを9分以内で泳げる者	1 ランスイムラン（200mラン―200mスイム―200mラン）を8分以内 2 海の知識 3 救助に使うシグナルや溺れている人のサイン 4 無線の使い方 5 地域の緊急サービス（ヘリコプターレスキューサービス，救急車，警察など）への連絡方法の知識 6 溺者へのアプローチ，事故防衛，離脱および器具を使わない溺者サポート 7 器具を使った救助方法 　レスキューチューブ：（腰の深さから50m沖の溺者の救助） 　レスキューボード：（腰の深さから75m沖の溺者救助） 　IRBレスキュー：（クルーとしての救助） 8 運搬方法 9 ビーチパトロールに関する知識 10 IRBを使った救助方法の知識 11 ロープワーク 12 心肺蘇生法 13 人工蘇生器を使った心肺蘇生法 14 ファーストエイドの知識，技術 15 口頭試問（心肺蘇生法，ライフセービング知識，ファーストエイドなどに関すること）
ゴールド・メダリオン （SLSAから派遣されるライフガードはこの資格を要求される）	・SLSAのメンバーで18歳以上であること ・SLSA公認の以下の資格をもっていること ・心肺蘇生法（上級） ・ラジオオペレーターまたはブロンズメダリオン ・シルバーメダリオン（IRBドライバー資格） ・ファーストエイド（またはそれと同等の資格）	1 800mスイムを14分以内 2 1600mランを7分以内 3 SLSAのシグナルとサインの知識 4 溺者へのアプローチ，事故防衛，離脱および器具を使わない溺者サポート 5 ランスイムラン（200mラン―200mスイム―200mラン）を8分以内 6 レスキューシミュレーション 　レスキューチューブ：（腰の深さから75m沖にいる溺者の救助） 　レスキューボード：（腰の深さから200m沖にいる溺者の救助） 7 口頭試問または筆記テスト（ライフセービングに関すること）

出所）*Surf Lifesaving Training Manual*, 1995. Surf Life Saving Australia Ltd., 1995.

写真4-5　全豪選手権大会

出所）Robert Longhurst, *The Life Saver, Images of Summer,* Playright Publishing Pty Ltd., 2000.

【サーフライフセービング競技】

　SLSAによって行われているサーフライフセービング競技会は，毎年伝統的に行われている「サーフカーニバル（クラブ主催）」「州大会」および「全豪選手権大会」などがある。競技会は，大人に対してだけでなく，子どもの大会やマスターズと呼ばれる30歳以上の人のための大会などもあり，あらゆる年代の人が参加できるようになっている。中でも最も注目される全豪選手権は，約7,000人以上の選手が参加し，約500人以上のスタッフが運営をサポートしている。また，SLSAは「ナショナル・サーフリーグ」という特定のエリート選手を集めたプロ競技会も開催している。これらの競技会は，ライフセーバーの救助技術や体力を向上させることに大きく貢献しているだけでなく，メディアを通してサーフライフセービングの普及にも大きな影響を与えている（写真4-5）。

4.3.3. マンリーライフセービングクラブ

　マンリーライフセービングクラブ（以下，マンリーLSC）は，1911（明治44）年に設立された歴史あるクラブである。オーストラリアのそれぞれの海岸には地元の自治体によって建設されたクラブハウスがある。日本人がオーストラリアの海岸に行った時に，最初に目に付くといってもよいこれらのクラブハウスは，ライフセービングクラブの活動拠点となっている。マンリーのクラブハウスには，救助器具倉庫，応急処置のための部屋，ミーティングルームの他に，トイレ，更衣室，シャワー室，ウエイトトレーニング場なども備わっている（写真4-5）。他のク

写真4-6　マンリーライフセービングクラブのクラブハウス

ラブハウスには，温水プールが備わっているところもある。ミーティングルームからは，マンリーの海が一望でき，その部屋の壁には，クラブに貢献した歴代のメンバーの写真や，ライフセービング競技会で顕著な成績を残した選手の写真およびトロフィーが飾られている。これら一つひとつの写真を眺めているとオーストラリアにおけるライフセービングクラブは，単なる地域のボランティア活動にとどまらず，地域社会における「地域のアイデンティティを作っているもの」と考えてしまうほどである。

【子どもの会員】

マンリーLSCの会員は，それぞれの年代によって活動内容が分けられている。しかも，男女の性別に関係なく幅広い活動が行われている。その活動を年齢によって分けられたグループごとに紹介する。

(1)ニッパーズ（7～13歳）

一般的に，7歳以上の子どもからライフセービングクラブに所属できる。マンリーLSCは，大人だけの組織ではなく，多くの子どもたちがクラブに所属している。中でも7～13歳までの子どもたちは，ニッパーズと呼ばれている。マンリーLSCのニッパーズは，毎週日曜日になると親とともにマンリービーチに集まってくる。子どもたちは，ビーチで楽しみながら海の知識についての勉強をしたり，また，レース形式の競技会に参加したりしている。海の知識については，波のできかたやクラゲなどの危険な生物について勉強したり，救助活動についての教

写真4-7　子どもたちのトレーニング

育が行われる。また，競技会では，ビーチフラッグス，ビーチスプリント，ウエーディングリレー，およびボードパドリングなどが行われる。毎週日曜日にビーチに行くと，まだ自分でサーフライフセービング用のキャップの紐もしばれないような子どもたちが，海，砂浜というフィールドで楽しそうに競技を経験している姿に触れることができる（写真4-7）。

(2)シニアアクティブ（15歳以上）

　15歳以上になると「SLSA公認ブロンズ・メダリオン」という資格を取得することが許されている。もちろんその資格に合格するためには，マンリーLSCが主催する講習会の参加および試験に合格することが条件である。またこのブロンズ・メダリオンを取得していないとパトロールに参加することができない。このブロンズ・メダリオン取得のための講習会は，マンリーLSCに所属するインストラクター（指導員）によって開かれ，講習会のインストラクターは，ボランティアで講習会を開いている。シニアの活動は，主にビーチにおけるパトロール活動である。パトロールは，週末，ボランティア活動として行われる。シーズンの初めに，各自がパトロールに参加しなければならない日を指定され，交代制で行われる。また，パトロールを行ったメンバーは，救助のための技術や体力を向上させるために積極的にサーフライフセービング競技会に参加している。

【クラブマネージメント】

　マンリーLSCのクラブ組織は，クラブ代表を始めさまざまな役員を中心に運営されている。

クラブ運営のための主な財源は，会員から集めた会費，イベント開催における収入，および企業スポンサーからの援助などである。マンリーLSC は，単にビーチパトロールを行うだけではなく，クラブ主催で「マンリー・サーフカーニバル（他のクラブも参加できるサーフライフセービング競技会）」や「クラブメンバーだけのクラブ競技会」などを開催している。また，サーフライフセービングに関すること以外にも「海での長距離水泳大会」や「ビーチでの長距離走大会」などを開催し，クラブに所属していない一般の人びとがクラブのイベントに参加できる機会も作っている。

【マンリービーチにおけるサーフライフセービングシステム】

マンリービーチは，シドニーでも有名な観光地として知られているだけでなく，世界的にも有名なサーフポイントでもある。マンリービーチにおけるサーフライフセービングは，「ライフガード」と「ライフセーバー」の二重のシステムによって行われている。マンリー市は，年間を通した専門的な職業として「ライフガード」を雇ってマンリービーチの安全管理を行っている。それに対し，マンリーLSC の会員は，ボランティアの「ライフセーバー」として全く無償でビーチパトロールを行っている。マンリービーチのライフガードの歴史は，オーストラリアで最も古く1907（明治40）年から始められている。つまり，このマンリービーチにおけるライフガードとライフセーバーの二重のサーフライフセービングシステムは，1911（明治44）年のマンリーLSC 設立からずっと続けられてきたことになる。

マンリーのライフガードは，ビーチにおける安全管理のリーダー的存在として，週7日間勤務している。他のビーチでは月曜から金曜の平日だけライフガードが勤務し，土，日曜の週末はライフセーバーが補うという例がほとんどであるが，マンリービーチは観光地で年間を通して観光客が多いため，ライフガードは週7日間勤務している。ライフガードの主な仕事の一つは，ビーチの遊泳区域の設定である。オーストラリアでは，その時々に変わる海の状況に合わせて遊泳区域を設定するシステムが取られている。遊泳区域には，2本の旗が立てられ，一般の人はその旗の間で泳ぐように指導されている。海には，リップカレント（離岸流）という沖に向かう流れができている場所がある。ライフガードは，泳ぐには危険なそれらの場所を見極めて，その日の安全な遊泳区域を設定する。また，海の状態がとても危険と思われる日には，ライフガードの判断で海を遊泳禁止にすることができる。ライフガードは，ビーチの安全管理のリーダーとして，危険な状態にある遊泳者がいないか，遊泳区域にサーフボードを使った人が入っていないかなどをチェックしている。また，ライフセーバーに対してパトロールの仕方などを指示することもある。それに対して，ライフセーバーの活動は，9月から4月にかけて，土・日曜，祭日に行われている。9月から4月は，マンリーでは春，夏，秋にあたるシーズンで，一般の人にとっての仕事の休日にパトロールが行われている。ライフセーバーは，マンリーLSC の中でパトロールを行うための資格をもっているメンバーによって行われ，仮に一度資

格をとったメンバーでも,毎年パトロールシーズンが始まる前に,体力,救助技術のチェックのために再度テストを受けなければならない。そのテストでは,「ランスイムラン」「チューブレスキュー」「ボードレスキュー」「IRBレスキュー」「心肺蘇生法」などが行われ,それらのテストに合格しなければ,その年のパトロールには参加できない。それらのテストに合格するとマンリーLSCから割り当てられたパトロールの指定日に海に行き,遊泳区域のパトロールを行うという役割分担ができている。一般的なパトロール例は,ライフセーバーは全部で12グループ(1グループ10〜15人)に分けられ,約2週間に一度,半日単位で割り当てが指定されている。また,当番の日以外でも,ボランティアパトロールに参加したければいつでも参加できるようになっている。

　クラブメンバーであるライフセーバーが,マンリーLSCから体力,救助技術をチェックされるように,マンリーLSCも,親団体のSLSAからのチェックを受ける。毎年パトロールシーズン前に,マンリーLSCは,クラブで所持している救助器具,備品のチェックを受けなければならない。特に「IRB」のようにエンジンを使った救助器具は,使用にあたって危険性が伴うのでSLSAによって安全性を厳重にチェックされる(写真4-8)。また,それらのチェックが済んでパトロールシーズンが始まり,ライフセーバーがビーチでパトロールを行っている時に

写真4-8　パトロールシーズン前のIRBのチェック

も、SLSAによって「ぬきうち」で救助技術テストが行われる。また、マンリーLSCのパトロールは、無線によって他の20のビーチと結ばれていて、事故発生時のためにしっかりと連絡体制が整えられている。

RLSSAとSLSAのそれぞれの特色

現在のオーストラリアのライフセービングは、「RLSSA」と「SLSA」による二重のシステムによって行われており、それらの活動や目的は互いにオーバーラップしている。歴史的にみても、この2つの団体は、互いに強い影響を与え合ってきた。1894（明治27）年、イギリスから「ロイヤルライフセービング協会」の技術がオーストラリアに伝えられたことが、オーストラリアのライフセービングの先駆けとなった。そして、法改正によって海水浴が認められた後、サーフライフセービングの必要性とともに「SLSA」の起源である新団体が設立された。それらの歴史は、お互いの目的が似ているために「意見の衝突」が起こった時代もあった。しかし、RLSSAの百周年記念誌『*Royal Life*』（Downs, 1994）によると、1924（大正13）年、これら2つの団体間である同意がなされたとされている。その同意とは、「SLSAは、海に面したビーチにおけるライフセービングの活動を行い、RLSSAは、ビーチ以外つまり、プール、湖、川におけるライフセービングの活動を行う」といった内容であった。このことにより2つの団体の役割が徐々に決まっていき、それぞれの環境でライフセービングが実践され、現在でもこの同意とほぼ同様の内容で2つの団体は、それぞれの活動を行っている。またRLSSAとSLSAは、互いに影響を受けながら発展してきたが、その組織運営やライフセービングサービスの方法には、多少の違いがみられる。その違いとは、SLSAは、主に地域のクラブを重視し、それに所属する会員をもとにボランティア・パトロールを行っているのに対し、RLSSAは、主に個人でRLSSAに登録したインストラクター（指導員）やイグザミナー（検定員）による教育活動を行っているということである。しかしながら、SLSAもクラブごとに教育活動を展開しているし、RLSSAも一部の州では、ボランティア・パトロールを行っている。したがってこれら2つの団体の活動は、互いにオーバーラップしているといえる。このことは、2つの団体の特色が、オーストラリアのあらゆる水辺の環境（プール、湖、川、ダム、海など）におけるライフセービングをもれなく統括しているといえるであろう。さらに、これらの団体は、他の国には類のないオーストラリア独自のライフセービングシステムを築いてきたといっても過言ではない。ここで注目すべき点は、両団体ともライフセービングの教育プログラムの提供やボランティアでパトロールのサービスを行っているだけではなく、ライフセービング競技を開催していることである。それぞれの団体によって開催されているライフセービング競技の存在は、オーストラリアのライフセービングを担っている2つの団体の最大の特徴といえるであろう。

4.3.4. オーストラリアにおけるコーチ養成プログラム

ライフセービング競技の国際大会においても他の国々をリードしているのがオーストラリアである。その強さは「競技発祥の地という歴史的経緯」と「科学的・専門的なトレーニング」が主な要因であると考えられる。しかも，実際にオーストラリアでトレーニングの経験を積んでみると，科学的，専門的なトレーニングを可能にする優秀な「コーチ」の存在が注目される。すなわち，ライフセービング競技を広く普及させ，競技のレベルを向上させるためには優れたコーチが不可欠である。サーフライフセービング・オーストラリア（SLSA：Surf Life Saving Australia）は，独自の理念のもとにコーチ資格を認定している。しかも，その認定プログラムは，オーストラリア・コーチング委員会（ACC：Australian Coaching Council）の承認を受けている。したがって，SLSAのコーチ資格認定プログラムを受講してコーチとして認定されると，水泳や陸上競技など他の競技団体と同様な国家的レベルの資格が与えられるようになっている。ここではオーストラリアにおけるコーチ資格認定制度について解説する。

オーストラリアには，国民のスポーツ参加への促進とエリートスポーツにおける競技力向上を目的とした特殊法人オーストラリア・スポーツ・コミッション（ASC：Australian Sports Commission）がある。ASCは，1989年に設立され，競技団体やスポーツ関係団体への国家補助金を配分したり，連邦政府のスポーツ政策を実施するなど，オーストラリアのスポーツ界全体を統括する組織であるといえる。最近オーストラリアでは，エリート選手を育成するためのナショナル・トレーニングセンターと考えられているオーストラリア・スポーツ研究所（AIS：Australian Institute of Sport）が注目されているが，その施設もASCによって管理，運営されている。また，ASCには，スポーツ振興・政策部局があり，その中にオーストラリア・コーチング委員会（ACC）がある（図4-8）。オーストラリア・コーチング委員会は元々ASCとは別に

図4-8 オーストラリア・スポーツ・コミッション（ASC）の組織

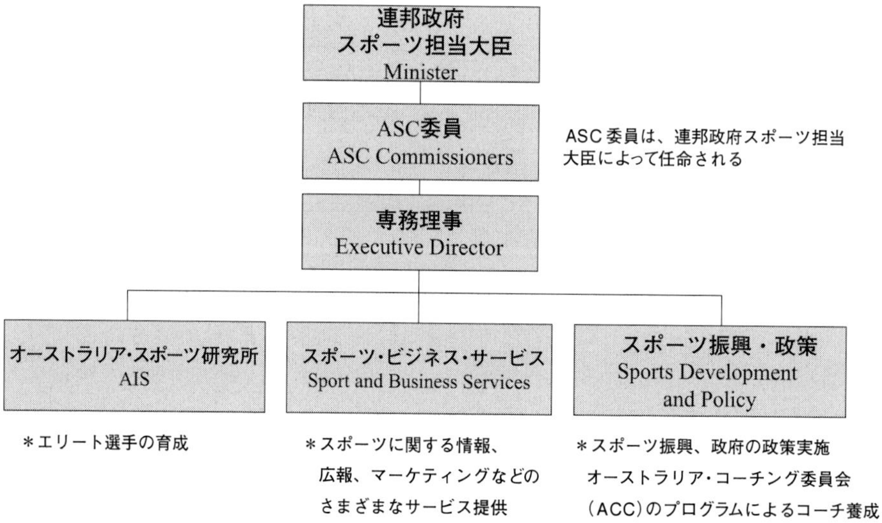

```
         連邦政府
       スポーツ担当大臣
         Minister
            │
         ASC委員              ASC委員は、連邦政府スポーツ担当
      ASC Commissioners       大臣によって任命される
            │
         専務理事
      Executive Director
     ┌──────┼──────┐
オーストラリア・   スポーツ・      スポーツ振興・政策
スポーツ研究所   ビジネス・サービス  Sports Development
    AIS      Sport and         and Policy
            Business Services
*エリート選手の育成  *スポーツに関する情報、  *スポーツ振興、政府の政策実施
              広報、マーケティングなどの  オーストラリア・コーチング委員会
              さまざまなサービス提供    （ACC）のプログラムによるコーチ養成
```

4 ライフセービングの現状と展開

設立されたが，1991年からASCの中に一つの部局として組み込まれた。オーストラリア・コーチング委員会設立の背景には，オーストラリアの国際競技レベルにおける成績不振が大きく影響したといわれている。特に顕著だったのは，1976年のモントリオール・オリンピックで金メダル0，銀メダル1，銅メダル4という成績不振だった。そこで，スポーツ・レクリエーションに関係する連邦，および州政府の担当大臣による審議会（Sport and Recreation Ministers

**表4－3 オーストラリア・コーチング委員会（ACC）による
コーチ資格認定制度のカリキュラム概要**

レベル	対象，資格	コース内容	主 な 科 目	時　間	合　計
※コーチング・オリエンテーション		コーチング理論 競技別理論と実習		6時間	6時間
レベル1	初級コーチ	コーチング理論	コーチの役割 スポーツ指導の計画 スポーツ技術、ゲームの指導 グループ・マネージメント コーチング・コミュニケーション フィジカル・コンディショニング スポーツと安全 スポーツ指導論	7.5時間	44.5時間
		競技別理論と実習	競技別技術論と実技	7時間	
		コーチング実習	競技別	30時間または1シーズン	
レベル2	中級コーチ レベル1取得者	コーチング理論	トレーニング計画 リスク・マネージメント トレーニングの原則 全身持久力トレーニング スピード、ストレングス、パワーのトレーニング 柔軟性トレーニング 機能解剖 バイオメカニクス 発育、発達 スポーツ栄養 スポーツ心理 スポーツ医学 スポーツ指導 技術トレーニング コミュニケーション	35.5時間	125.5時間
		競技別理論と実習	競技別技術論と実技	30時間	
		コーチング実習	競技別	60時間または2シーズン	
レベル3	上級コーチ レベル2取得者	競技別 コーチング理論と実習	コーチング理論と実習	100時間	200時間
		コーチング実習	競技別	100時間または3シーズン	
ハイ・パフォーマンス	国際レベル選手のコーチ 原則的にレベル3取得者	個々のコーチに適した内容が設定される		ACCと各競技団体によって決定される（一般的には2-3年）	
取得後の義務	NCASに登録後、資格を継続するためには、各競技団体によって決められた期間内に所定の課題を終了しなければならない				

※コーチング・オリエンテーションコースは，コーチング導入のためのコースでコーチ資格として認定されない
出所）Australian Sports Commission, *Beginning Coaching: Level 1 Manual 2000* に加筆

Council）は，スポーツ振興のために国家的規模でのコーチ養成プログラムが必要であると考え，オーストラリア・コーチング委員会（以下，ACC）を1978年に設立した。そして設立と同時に，連邦政府の資金援助を受けてコーチ資格認定制度（NCAS：National Coaching Accreditation Scheme）の準備を進め，1980年からコーチ資格認定事業を始めた。このコーチ資格認定制度は，子どもからエリート選手まであらゆるレベルの選手のコーチを養成し，国家的に公認された資格を与えるというプログラムである。オーストラリアの各競技団体は，このコーチ資格認定制度のガイドラインに沿って養成プログラムを作成し，ACC の承認を得て公認コーチを認定することになっている。現在オーストラリアでは90以上の競技団体がこのコーチ養成プログラムをもっていて，SLSA もその一つとなっている。

　このコーチ資格認定制度のカリキュラム概要は，表4-3のようになっている。コーチ資格は初級から上級まで4段階レベルのコースに分れている。それぞれのコース内容は，コーチング一般理論，競技別理論と実習，コーチング実習の3つの内容で構成され，コーチング一般理論の内容はすべての競技団体に対する共通科目として扱われている。レベル1コースは，コーチングのための基礎的な内容が扱われ，初級レベルのコーチに対して基礎的な知識や技術を身につけさせることを目的としている。レベル2コースでは，中級レベルのコーチを対象にレベル1の内容を発展させスポーツ科学の知識を理解し，それをコーチングの現場に応用できるコーチを養成する。したがって，コーチング一般理論の内容には，専門的なスポーツ科学の科目が多く組み込まれている。レベル3コースは，エリート選手を指導するための上級コーチを対象としたアドバンスコースで，競技別のコーチング理論と実習が展開される。さらに，最も高いレベルとしてハイ・パフォーマンスコースがある。このコースは，国際レベルで活躍しているエリート選手のコーチを対象とし，さらにその能力を向上させることを目的としている。ハイ・パフォーマンスコースに参加するためにはコーチの経験や実績のほかに所属競技団体からの推薦も必要で，かなりきびしい基準によって審査される。ちなみに表4-3に見られるコーチング・オリエンテーションコースは，初めてコーチングを経験する人のための導入コースで，受講してもコーチ資格としては認定されない。

　SLSA 全会員の約90％は，選手やコーチ，審判など何らかの立場でサーフライフセービング競技に参加しているといわれている。つまり，競技の面からライフセービングを考えてみても，優秀なコーチを養成することは人びとにライフセービング競技の魅力を指導できることであり，それが結果としてクラブの会員（ライフセーバー）を増やしたり，レスキュー活動に還元されるとも考えられている。したがってSLSA ではコーチ資格認定制度に関して，レスキュー技術の資格認定制度と同様に力を注いでいるわけである。現在，SLSA ではレベル1から3まで約900名のコーチが登録され，それら公認コーチのことを「サーフコーチ」と呼んでいる。資格の有効期限は，レベル1が4年，レベル2が3年，レベル3が2年となっている。さらにその

4 ライフセービングの現状と展開

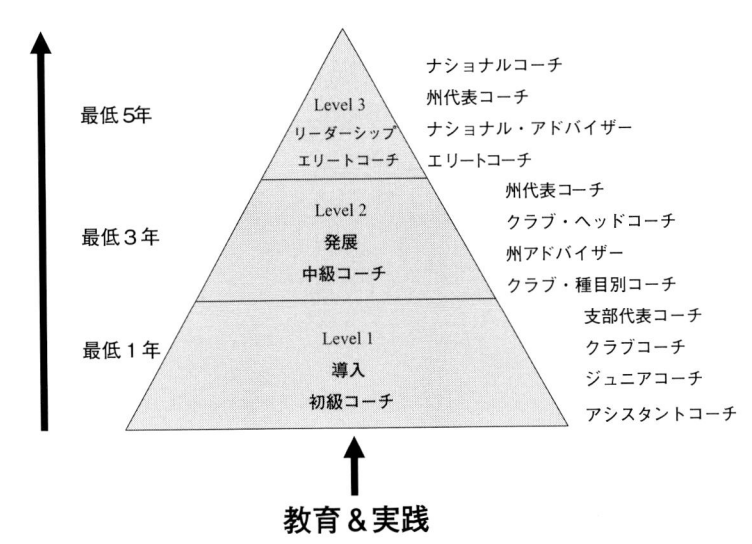

図4-9 オーストラリア・サーフライフセービング協会(SLSA)のコーチ養成モデル

```
                    Level 3                ナショナルコーチ
最低5年          リーダーシップ            州代表コーチ
                 エリートコーチ           ナショナル・アドバイザー
                                          エリートコーチ

                    Level 2                州代表コーチ
最低3年              発展                  クラブ・ヘッドコーチ
                   中級コーチ               州アドバイザー
                                          クラブ・種目別コーチ

                    Level 1                支部代表コーチ
最低1年              導入                   クラブコーチ
                   初級コーチ               ジュニアコーチ
                                          アシスタントコーチ

                   ↑
                教育＆実践
```

出所) SLSA Policy Statements, 1993.

　資格を更新するための義務は，ポイント制になっていて有効期限内に100ポイント以上に相当する成果をあげなければならない。たとえば，コーチ資格認定講習会で講義を担当したら20ポイント，州代表チームを指導したら15ポイント，また自分で作成した年間トレーニング計画表を提出したら15ポイントなどといった具合である。これもコーチの能力を維持，向上させるための手段の一つとなっている。

　ライフセービング競技は，地域クラブごとに実践されていて必ずしもスポーツの専門家がその地域に多数いるとは限らない。したがって選手の競技力を向上させるために質の高い，正しい情報を提供できるコーチの育成が必要となるのである。SLSAでは，地域クラブのコーチが段階的に資格を向上させていきながら，より高いレベルでコーチングが実践できるように図4-9のようなコーチ養成モデルを提唱している。このようにジュニアからエリートまで対象別に，最低限必要となるコーチ資格レベルを示すことによってコーチの向上心が高められるようになっている。またライフセービング競技は，一つひとつの種目をみると個人で競う種目が多いが，実際に全豪選手権では，個別の種目のポイントを総合してクラブごとに競う団体戦の結果が非常に注目されている。そして競技で活躍したクラブの地元では，ライフセービングに関する意識がますます高まる。その結果，多くの会員が集まるという効果が期待でき，それに伴ってボランティアによる救助活動も充実できることになるのである。したがって各クラブは会員の競技力向上のために何ができるかを考え，図4-10のように種目ごとにコーチを配置して，

図4-10　理想的なクラブコーチング・システム

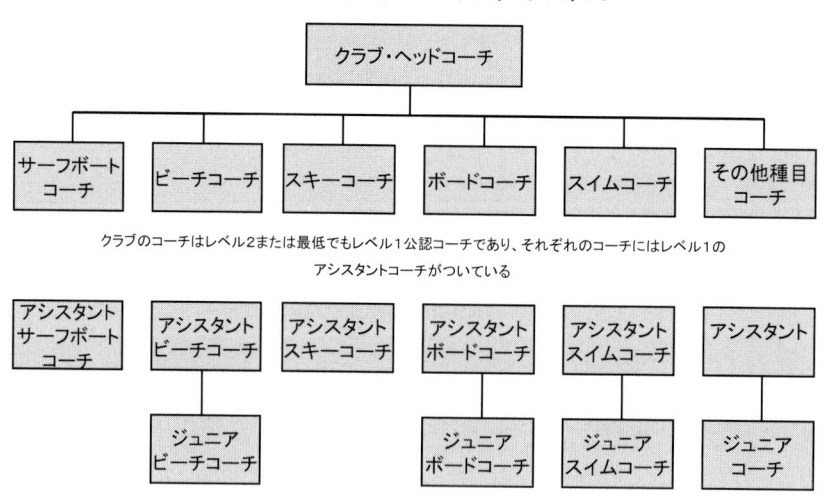

```
                          クラブ・ヘッドコーチ
        ┌──────────┬──────────┬──────────┼──────────┬──────────┬──────────┐
   サーフボート    ビーチコーチ   スキーコーチ   ボードコーチ    スイムコーチ   その他種目
    コーチ                                                                    コーチ
```

クラブのコーチはレベル2または最低でもレベル1公認コーチであり、それぞれのコーチにはレベル1の
アシスタントコーチがついている

```
   アシスタント   アシスタント   アシスタント   アシスタント   アシスタント   アシスタント
  サーフボート   ビーチコーチ   スキーコーチ   ボードコーチ   スイムコーチ
    コーチ
                     │                         │            │            │
                  ジュニア                   ジュニア      ジュニア     ジュニア
                 ビーチコーチ              ボードコーチ  スイムコーチ    コーチ
```

ジュニアを指導するコーチはレベル1公認コーチであり、ジュニアの活動をよく理解していること

出所）SLSA Policy Statements, 1993.

どのようにしたら会員のモチベーションを高めて競技力を向上できるかを議論できる競技委員会を組織することが必要となる。

　筆者は，1994年シドニー留学中にレベル2サーフコーチ養成プログラムに参加するチャンスを与えてもらった。講習は，シドニー郊外のナラビーンというところにあるアカデミー・オブ・スポーツという施設で開催され，2泊3日の合宿が2回行われた。そこは海や湖が近く，サーフライフセービングの講習を行うには最高の環境であった。サーフライフセービング競技の場合，種目が陸上競技のように多岐にわたっている。したがって，競技の理論と実習においては，ビーチ種目，パドルボード種目，サーフスキー種目など，種目ごとのグループに分れて技術論と実技が展開された。私は，ビーチ種目のグループを選択し，技術論では，「ビーチフラッグスの技術の体系化について」というグループワーク課題が与えられた。それは，まずビーチフラッグスの技術をスタート期，加速期，ダイビング期などいくつかの局面に分けることから始まった。次に，初級者，中級者，上級者となるにつれて，それぞれのレベルでどのような技術の習得が必要となるかについて，互いの技術論を討議しながら一つにまとめるといった内容であった。また実技は，実際に海で講習が行われ，専門的なストレッチング方法やトレーニング方法などが紹介された。このコーチ養成講習会は，自分のコーチングの知識，技術を向上させるだけでなく，同じ目的をもった仲間が集まってお互いの情報を共有できるという大変有意義な機会となった。

SLSAは，ライフセービング・コーチの役割として次のことをいっている。

> 「ライフセービングのコーチは，選手の技術，体力を向上させるだけでなく，
> レスキュー能力を向上させるための技術やトレーニング方法を
> 指導する責任も持っているのである」
> (SLSA Policy Statements,1993)

このような理念のもとに国家的レベルのコーチ資格認定プログラムを有するSLSAの例は日本にとっても大いに参考にすることができる。

4.3.5. オーストラリアのサーフライフセービング競技のトレーニング

サーフライフセービング競技は，ラン，スイム，クラフト（救助器具の操作）などの技術に基づき，それらのトレーニング方法については陸上競技や競泳などの応用として行われているが，日本ではまだ十分に確立されていない。サーフライフセービング競技においてもパフォーマンスを向上させるためには「期分け」の概念が不可欠である。年間のトレーニングを準備期，競技期，移行期に分けて計画することは，体力やスキルを段階的に向上させ，オーバートレーニングを防ぎ，競技会に合わせてピークを作ることに役立つ。また，ライフセービング競技の効果的なトレーニング方法を確立しライフセーバーの体力，技術を効率良く向上させることは，最終的に人命救助に役立つことにもなる。ここでは，オーストラリアのエリート競技者が行っているサーフライフセービング競技のトレーニング方法を紹介する。ここで紹介するトレーニング方法とは，年間計画における周期化のモデルである。

サーフライフセービング競技の特性

国際的に行われている一般的なサーフライフセービング競技種目は，最も短いもので約4秒（ビーチフラッグス），最も長いもので約15分（アイアンマンレース）の間で1回のレースが行われる。サーフライフセービング競技は，ラン，スイム，パドル（漕ぐ）などのサイクリック（動作が繰り返し行われること）な基本的スキルを基にそのスピードを競い合うという特性をあげることができるが，陸上競技や競泳と違う点は，砂浜，荒波などの条件下で競技が行われるということである。したがって，刻々と変化する自然条件（風，波，砂浜）を克服できる技術と体力が競技パフォーマンスに大きな影響を与える。『Training patterns in Surf Life Saving』(1993)の中でpetersは，サーフライフセービング競技において最も重要な体力要素は「パワー」であると指摘している。サーフライフセービング競技の場合，風，荒波，砂浜などの自然条件下で非常にすばやく動作を繰り返すという「サイクリック・パワー」が要求される。ビーチスプリントなどでは蹴った力が柔らかい砂に吸収されてしまうため，ピッチを持続させるような脚のパ

ワーが必要であるし，パドルボードやサーフスキーでは，沖から崩れてくる波の力に逆らってパドルするための上半身のパワーが必要である。またオーストラリアで行われているサーフレース，パドルボードレース，サーフスキーレースなどの平均レース時間は，約4分30秒で，そのうち3分の2は沖にあるブイに到達するまでに波を超えること，およびパドルや泳ぎのリズムをつかむことに費やされる。また，残りの3分1の時間は，波や風などを利用して岸に戻るまでの時間である。

サーフライフセービングの競技者は，これらの競技の特性を踏まえトレーニングを効果的に計画していく必要がある。

(1)サーフライフセービング競技のトレーニング方法の紹介（一般的な年間トレーニング計画）

オーストラリアのほとんどのトップクラスの競技者は，モノサイクル（年に1回の競技期）またはバイサイクル（年に2回の競技期）形式で年間のトレーニング計画をたてている。一般的なモノサイクルの場合，年間トレーニング計画の周期化は，準備期，競技期および移行期という3つのトレーニング期に分けられる。さらに準備期は，基礎的な技術，体力を養う一般的準備期と競技会のレースを想定してより専門的な技術，体力を養う専門的準備期に分けられる。一般的準備期は，12～16週間（9月から12月後半まで）行われ，ある一定のペースでの持久的トレーニングやロングインターバルなどで，有酸素的能力や筋持久力の向上を目的として行われる。専門的準備期は，6～8週間（12月後半から2月初め）行われる。ファルトレク・トレーニングや短・中距離でのインターバルおよび一定ペースでの持久的トレーニングがこの期間に行われる主なトレーニングで，有酸素的・無酸素的パワーの向上を目的として行われる。また準備期を通して行われるレジスタンス・トレーニングによって，種目の専門性に応じた筋力やパワーの向上を目指す。荒波やカレントの条件で行われるスイム，パドルトレーニングは，筋力やパワーの向上に役立つ。競技期は，2月初めから4月初めであり，この間に州選手権や全豪選手権などが行われる。

(2)エリート競技者の年間トレーニング計画

以下に紹介する年間トレーニング計画のモデルは，Peters（1993）の提唱するトレーニング方法である。オーストラリアの何人かのエリート競技者がこのモデルを基にトレーニング計画を作成し，世界大会での優勝を含めた好成績に結びついている。このモデルは前述した一般的な年間トレーニング計画を基に，競技期のトレーニング内容を応用したプログラムである。そのモデルの特徴は，一般的準備期と専門的準備期をひとまとめに考え，9～12週間で競技者の体力的，技術的および精神的能力をあるレベルまで到達させ，種目の特性に応じたハードトレーニングに対する準備を行う。サーフライフセービング競技の場合，この段階では，高いレベル

4 ライフセービングの現状と展開

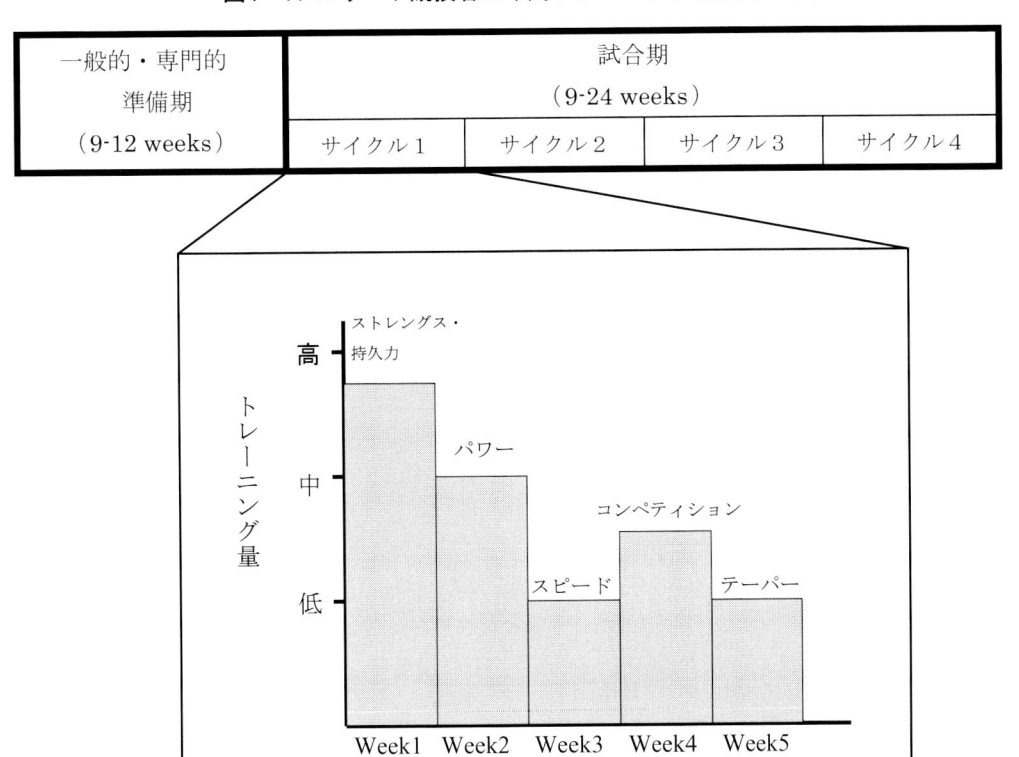

図4-11 エリート競技者の年間トレーニング計画のモデル

一般的・専門的 準備期 （9-12 weeks）	試合期 （9-24 weeks）			
	サイクル1	サイクル2	サイクル3	サイクル4

出所）Peters, D., *Training Patterns in Surf Life Saving*, Sports Coach 16(1), 1993 に加筆

における持久力やパワーが必要であり，さらに荒波をクリアーできる精神的，技術的能力が準備できていることが要求される。その後，競技期に，ストレングス・持久力，パワー，スピード，コンペティション，テーパーというそれぞれに重点を置いたトレーニングを1週間ずつ順次的に行う（図4-11）。1週目では，ストレングス・持久力を向上することに課題がおかれる。ビーチスプリント競技者ならば無酸素的な筋持久力，サーフスキー・ボード競技者ならば有酸素的な筋持久力の向上が目的とされる。2週目では，有酸素的・無酸素的なパワーの向上が目的とされ，さらに3週目では，スピードの向上が目的とされる。4週目では，スピードとパワーを統合させ，レースで必要とされる技術とスピードを向上させることを目的とする。5週目では，体力的なリカバリーを目的とし，レースを行い計5週間のサイクルを終える。このように1週間のトレーニング期間の単位をミクロサイクルというが，ミクロサイクルごとにどのような要素を向上させるかという目的を明確にし，そのサイクルを繰り返し行うことによって競技者の体力的な弱点を重点的に向上させ，また種目に必要な体力特性に合わせてミクロサイクルの日数を調整することができる。たとえば，有酸素的な種目の競技者は，6～8週の期間の長いサイ

表4-4 エリート競技者のトレーニング例

トレーニング期	ビーチスプリント	サーフスキー・パドルボード
ストレングス・持久力	・6×300m (75-85%) ・2×(100m,200m,300m)(80-85%), ウォークバックリカバリー, セット間 6-8 分 Rest	・10-15 km Easy パドル (130-155 拍／分) ・6-8 km 中程度のパドル (150-160 拍／分) ・6-9×1km インターバル (Rest90 秒)
パワー	・6-9×25m タイヤ引き走 (max) ・いろいろなペースで 400m ・4×200m ラン (90-95%) ・4-6 坂上り走 (90-95%), 5-10°の斜度	・3-5 km いろいろなスピードでパドル (50 パドル Hard、30 パドル Easy を繰り返す) ・6×500m 波 (ブレーク) を越えて行うインターバル (Rest90 秒-3 分)
スピード	・3-4×25m (フライングスタート max) 2-3×50m (クラウチングスタート max) 3-4×25m (スタンディングスタート max) ・4-6×120m (いろいろなペースで) ・4-6×80m (ダウンヒル 95-105%)	・4-6×250m (180-200 拍／分) ・6-9×1km インターバル (十分な Rest)
コンペティション	・6×25m (クラウチングスタート) 3-4×25m (フライングスタート) 3×50m (クラウチングスタート) 3-4×150m (加速走 95%) 2×25m (クラウチングスタート) 2×50m (クラウチングスタート) 2×120m (クラウチングスタート)	・2×30 秒 2×60 秒　繰り返し (max) 2×2 分 ・5km Easy パドル ・6×500m (90%) ・2-3km (フラットウォーターでいろいろなスピード)
テーパー	・2×50m (フライングスタート max) ・2×25m (クラウチングスタート) 2×80m (クラウチングスタート max) ・4×120m (ダウンヒル 70-80%)	・インアウト 60 秒＋30 分 Easy パドル ・30 分 Easy パドル＋100m-200m-300m-300m-200m-100m インターバル

出所) Peters, D., Training patterns in *Surf Life Saving*, Sports Coach 16(1), 1993

クルを組むことが有効であるし,逆に無酸素的な種目の競技者は,高強度なトレーニングによって生じた神経・筋の疲労を減らすためにサイクルの長さを減らすことも有効である。パワー,スピードおよびコンペティションのミクロサイクルは,神経・筋の疲労を蓄積しないように考慮すれば10～14日間行うことも可能である。また,トレーニングを計画通りに行いパフォーマンスを向上させるためには,オーバートレーニングを防ぐことが重要である。そのためには1回のトレーニングにおいて,競技者の体力レベルやトレーニング強度に合った適当なリカバリー時間をとることが大切である。特に海や砂浜などで行うトレーニングでは,同じトレーニングでもその時の風や波のコンディションによって強度が変わるため,心拍数などを参考にしてインターバル時のウォーク,ジョグ,パドルバックなどの距離を調整すべきである。表4-4に,このトレーニングモデルを用いたサーフライフセービング競技のトレーニング例を示す。

4 ライフセービングの現状と展開

(3) エリート競技者のトレーニングモデルに関する議論

　Peters (1993) は，図4-11のようなトレーニングモデルの利点を次のようにあげている。

・メゾサイクル（数週間にわたるトレーニング期間の単位）ごとにコンディショニングを管理でき専門的な体力要素の向上ができる
・段階的な向上のための，適度な負荷とリカバリーのサイクルである
・トレーニングに多様性があり，定期的に評価のためのテストを行うことができる
・オーバートレーニングのリスクを減らすことができる
・レースで行われる専門的な動きを，頻繁に繰り返し行うことができる

　これらの利点に加え，競技会が数週間に一度の単位で頻繁に行われパフォーマンスのピークを何回か作らなければならない場合でも，ミクロサイクルの長さを調整することにより，多くのピークをつくることができるという利点も考えられる。また，ミクロサイクルごとの目標が明確であるため，トレーニングの単調さを防ぐことができ，天候や施設などによってトレーニングが計画通りにできなくても，ミクロサイクルの中でトレーニングの内容を柔軟に変更できる。しかし，このトレーニングプログラムで注意しなければならないこともいくつかある。競技者は，試合期の前に体力的，技術的に高いレベルまで到達できていることが不可欠である。つまり体力的および技術的に十分な準備ができていなければ，このトレーニングプログラムの効果はあがらないであろう。たとえばボードやサーフスキーのパドルなどのスキルがある程度習得できていなければ，エネルギーシステムから考えたプログラムを作ってもパフォーマンスの向上につながるものではない。したがって準備期は，個人の特性にもよるがPetersのモデルよりさらに長い期間が必要である。また，持久力を向上させるためには，1週間という期間では短すぎるという点があげられる。一般的に持久力の改善には長い期間の継続が必要である。この点に関しては，最大酸素摂取量，耐乳酸性能力などは定期的なインターバルトレーニングなどによって維持できるというトレーニング原則から，このトレーニングプログラムでも持久力の改善は可能であるという見解に基づいている。図4-12は上記のトレーニングプログラムをもとに作成した年間トレーニング計画の一般的なモデルである。オーストラリアでは季節が日本と逆であるため，最終的な競技会の目標は4月に行われる全豪選手権となる。また，それより約1カ月前には州選手権が開催される。このモデルは一般的なモノサイクルの例であるため，移行期が長くなっているが，実際には個人の特性によって準備期がもっと長くなったり，あるいは国際大会が組み込まれバイサイクルの計画となれば移行期は必然と短くなる。試合期では4つの補助サイクルが組まれ，それぞれのミクロサイクルごとに目的とした体力要素を重点的にトレーニングを行う。仮にこのように定期的に競技会がなければ，競技会を想定したトライアルを行いある段階での選手のパフォーマンスレベルを評価するということも有効である。

　最後に，日本のライフセービングの場合，ライフセーバーは競技会でピークをつくる過程で，

競技会の直前（7～8月）に海水浴場やプールなどでパトロール活動を行っている。毎日のパトロール活動（監視・救助）だけでもかなりの身体的負荷が考えられるため，パトロールシーズン中のトレーニングは柔軟に行うことが重要である。この点から，このトレーニングプログラムは，常にトレーニングの目的が明確であり，たとえ何らかの原因により2～3日トレーニングが行えなくてもミクロサイクル単位でトレーニングを立て直すことができ，ライフセーバーにとってトレーニングを管理しやすいといえる。

今後日本においても，このようなオーストラリアのトレーニングプログラムを参考にし，パトロールと競技会の両面から考えたライフセービング独特のトレーニングプログラムを作っていくべきである。

4 ライフセービングの現状と展開

図4-12 期分けのモデル

種目：ビーチスプリント パドルボードレース サーフスキーレース，その他												タイプ：モノサイクル																														△ トライアルまたはその他の競技会 ☆ 州選手権 ◎ 全豪選手権										
月	6				7				8				9				10				11				12				1				2				3				4				5				
週（ミクロサイクル）	1	2	3	4	5	6	7	8	9	10	11	12	13	14	15	16	17	18	19	20	21	22	23	24	25	26	27	28	29	30	31	32	33	34	35	36	37	38	39	40	41	42	43	44	45	46	47	48	49	50	51	52
競技会																													△				△						☆					◎								
トレーニング期	移 行 期												一般的・専門的準備期																試 合 期																					移行期		
補助期間	サイクル1												サイクル2															サイクル3												サイクル4											
	SE	P	S	C	T								SE	P	S	C	T											SE	P	S	C	T								SE	P	S	T									

注）SE：ストレングス・持久力　P：パワー　S：スピード　C：コンペティション　T：テーパー

75

5
レスキューとスポーツ

5.1. レスキューとしてのライフセービング

　ライフセーバーは，溺水者（以下，溺者）を一刻も早く救助し，必要に応じて心肺蘇生法（以下，CPR）を行うという専門的な技術や体力が必要である。表5-1は，海水浴場で起きた溺水事故事例である。「溺れる」とは，自分自身で浮力を確保することができずに，水中で呼吸ができなくなる状態である。海の場合，一般的な溺れのサインは，

　①水の上に顔をだそうとして両腕を同時に振り回す動作

　②頭はほぼ水の中でキックも見えず，かろうじて水をかく動作

　③頭を後ろにそらし，はしごを登るような動作

　④波が頭の上から崩れていて，眼が髪の毛で隠れてしまい岸の方を向いている状態

　⑤呼吸をしようとして水面を頭が浮いたり沈んだりしている状態

などがあげられる。表5-1の溺水事故事例の中にも，溺者は「スローモーションではしごを登るような動作」であったとの報告がある。さらに，「クラゲ浮き」とか「うつ伏せに浮いている状態」，または「水没」した状態で発見されたとの報告もある。これらの報告からライフセーバーは，遊泳者の異常な徴候を発見したら溺れのサインとして疑ってみることが大切であり，たとえ溺れていなくても早めの救助が課題である。表5-1の溺水事故事例から考えられる，溺水事故や救助における傾向と課題は以下の通りである。

○実際の救助では，複数の救助器具を併用した例も少なくない。たとえば，レスキューチューブで確保した溺者を，レスキューボードに乗せ変えて浜にあげたり，また，レスキューボードで確保した溺者をIRBに乗せ変えて浜にあげた例などである。これらの状況に備えて，複数の救助器具を併用した救助訓練を行っておく必要がある。

○溺水事故は，遠くの沖合いよりもむしろ岸から近いところで多く発生している傾向がある。

○ライフセーバーは，長時間CPRを継続した例も少なくない。したがって，ライフセーバーは，少なくとも10分位の時間でも正しい手技が継続できる技術が必要であり，また長時間CPR中の交代技術などの熟練が必要である。さらに，海から溺者を救助した後，心拍数が高い状態でCPRが正しくできる技術・体力が必要であり，そのような状況を想定してのトレーニングが重要である。

○溺水事故のCPR中には溺者の気道内に液状異物があったり，頻繁に嘔吐することが多い。

したがって，液状異物を取り除く手技が重要である。
○救助者への感染防止の観点から，一方向弁付マスク（シート），ゴム手袋の使用が有効である。

　溺水事故においては，何が事故を引き起こす主要因であったのかを断定することは容易ではない。しかし，溺水事故防止のためには，事故の発生要因を体系的に考え，それらのリスクを少しでも減らすことを考えなければならない。溺水事故の発生要因として，「溺者自身の要因」と「環境要因」という2つの要因が考えられる（図5-1：溺水事故の発生要因）。溺者自身の要因とは，①心身の状態（パニック，疲労，睡眠不足，疾患など），②知識，行為，技術（無知，無謀，未熟など），③器具，装備の状態（器具，装備の不良，不適合など）などである。また，環境要因とは，①自然の条件（気象，海象など），②施設の条件（プール，海水浴場の施設など），③人的条件（ライフセーバー，指導者など）などである。溺水事故は，これらのいくつかの要因が関連し合って発生するケースが多いと考えられる。たとえば，プールでは泳力に自信のある人が，海で飲酒の後泳いだところ，リップカレント（離岸流）にはまり体力を消耗し，ついにはパニック状態となり溺れるなどの場合である。ライフセーバーは，溺水事故の特殊性を十分に理解し，いかなる状況においても的確に救助が行えるよう正しい知識と技術が必要である。また，水辺の事故を防止するためにライフセーバーの活動をモデルとして社会に普及し，事故を未然に防ぐという認識を普及することが重要である。

図5-1　溺水事故の発生要因

- 溺者自身の要因
  - 心身の状態
  - 知識、行為、技術
  - 器具、装備の状態
- 環境要因
  - 自然の条件
  - 施設の条件
  - 人的条件

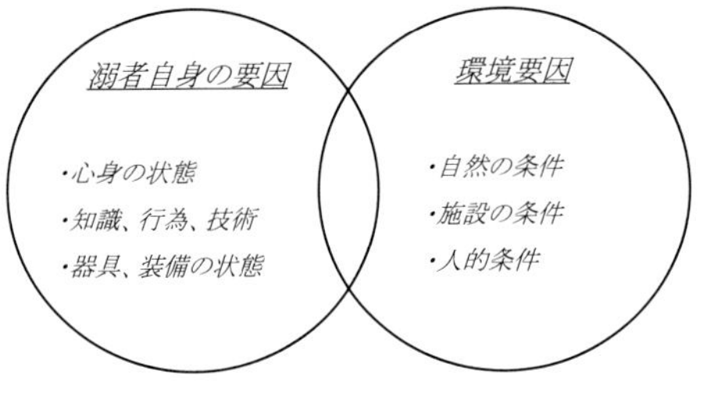

表5-1　海水浴場で起きた溺水事故事例

■平成8年7月　午後0時38分　（東京） 海水浴，シュノーケリング 年齢不明，男 陸から約10m，水深約2m，遊泳可，波高0.3m 監視タワーから溺者らしき人を発見。シュノーケリングで遊泳中，「スローモーションではしごを登るようなしぐさ」の後，そのままうつ伏せに沈んだ。IRBで捜索中，水没者を発見し引き上げた。意識なし，呼吸なし，脈なし。浜に引き上げた後，ライフセーバーが2 men CPRを行う。泡状の嘔吐物あり。救急隊到着後，救急隊員とライフセーバーにより2 men CPR続行。診療所にて一時脈が回復するが後に死亡。 使用救助具：IRB，レスキューボード，ポケットマスク，手動式人工呼吸器，人工蘇生器	■平成8年8月　午前10時17分　（和歌山） 海水浴 53歳，男 陸から約30m，水深約2m，遊泳注意，波高1.5m 家族で海水浴に来ていた父親が遊泳ブイ付近で泳いでいるのを息子が確認しているがその後，姿を見失った。ライフセーバーが海上パトロール中，うつ伏せで浮いている男性を発見。呼びかけるが応答なし。レスキューチューブを巻いて浜に引き上げた。呼吸なし，脈なし，ライフセーバーが2 men CPRを行う。泡状の嘔吐あり。その後救急隊に引き渡す。病院にて一時自発呼吸が回復したが，明朝6時3分死亡。 使用救助具：レスキューチューブ，マイクロシールド

■平成8年8月　午前10時55分　（静岡）
海水浴
71歳，男
陸から約4.7m，水深約1.2m，遊泳可，波高0.5m
監視タワーから突堤先に何かが浮かんでいるのを発見。ライフセーバーがレスキューボードと陸の両方から突堤付近へ向う。その後，突堤から飛び込んだ遊泳客がプカプカ浮いていた溺者を引き上げているのを発見，ライフセーバーが引き継ぐ。意識なし，呼吸なし，脈はゆっくりだがあり。ライフセーバーが人工呼吸を行い，すぐに嘔吐。その後も嘔吐が続く。その後救急隊に引き渡し，病院にて肺水腫と診断されたが回復。
使用救助器具：なし

■平成8年8月　午後0時10分　（神奈川）
海水浴
37歳，男
陸から約30m，水深約1m，遊泳可，波高0.5m
遊泳客から「人が沈んでいる」と通報。遊泳客3人が溺者を浜へ引き上げているところへライフセーバーが到着。意識なし，呼吸なし，脈なし。ライフセーバーが2 men CPRを行う。泡状の嘔吐物あり。救急隊到着後，心臓マッサージを救急隊にかわる。午後2時20分病院にて死亡。
使用救助器具：手動式人工呼吸器，人工蘇生器

■平成8年8月　午後0時26分　（静岡）
海水浴
84歳，男
陸から約2m，水深約0.7m，遊泳可，波高0.5m
遊泳客が，腰をかがめて，顔を水面につけている年輩の男性を発見。しばらく様子を見るが，やはり変だということでライフセーバーに通報。ライフセーバーが到着した時，意識なし，呼吸なし，脈はゆっくりあり。ライフセーバーが人工呼吸を3分行ったところで，呼吸回復。横向きにした時嘔吐あり。救急車到着後，救急隊に引き渡す。その後，午後1時50分病院で死亡。飲酒あり。
使用救助器具：なし

■平成8年8月　午後4時30分　（静岡）
海水浴
21歳，男
陸から約45m，水深約2.5m，遊泳可，波高0.5m
遊泳客が監視タワーに向って手を振ってサインを出しているのを確認。ライフセーバーがレスキューチューブを持って救助に向う。到着後，サインを出した人の近くの海底に人が沈んでいるのを発見，引き上げる。別のライフセーバーがレスキューボードでアシスタントとして救助に向かい，溺者をボードに乗せる。意識なし，呼吸なし。ライフセーバーが人工呼吸を行う。浜で意識レベルが回復するが嘔吐が続くため，横向きにして救急車を待つ。脈は小さく早かったが，しだいに強くなり，ライフセーバーの呼びかけに反応するまでになる。その後救急隊に引き渡す。
使用救助器具：レスキューチューブ，レスキューボード

■平成9年7月　午前11時10分　（茨城）
海水浴
26歳，男
陸から約100m，水深不明，遊泳注意，波高1m
監視タワーからうつ伏せになって浮いている人を発見，ライフセーバーがレスキューボードで救助に向う。到着した時，近くにいたボディーボーダーが溺者を確保していた。溺者は意識なし，呼吸なし，脈なし，口内に嘔吐物があったため，口内の異物を取り除いて人工呼吸2回行い，レスキューボードに乗せた。すぐにIRBが到着，IRBに乗せてクルーがCPRを行いながら浜へ運んだ。その後，浜でライフセーバーが2 men CPRを行い，1分程で本部に待機していた救急隊に引き渡す。その後11時36分病院にて死亡。
使用救助器具：レスキューボード，IRB，ポケットマスク

■平成9年8月　午前11時45分　（千葉）
海水浴
43歳，男
陸から約15m，水深不明，遊泳注意，波高2m
ライフセーバーが溺者を発見し，レスキューボードで救助に向う。溺者に到着した時は頭がちょっと浮いている状態で，水中で泡を吹いていた。近くにいた遊泳客の協力を得て，レスキューボードに引き上げ，意識なし，呼吸なし，脈ありを確認，ボード上で人工呼吸を2回行い，その後も5秒に1回の割合で人工呼吸を続行しながら浜に向った。途中，水をたくさん吹き出したところで呼吸が回復。浜に引き上げ意識なし，呼吸あり，脈ありを確認して横向きにして救急車を待った。その間も多量の水と泡の嘔吐物あり。その後救急隊に引き渡す。
使用救助器具：レスキューボード

■平成9年8月　午後2時45分　（東京）
海水浴，シュノーケリング
15歳，男
陸から約10m，水深約2m，遊泳可，波高0.5m
高校生が，シュノーケリングをするために入水。彼の友人は入水せずに浜から見ていた。10分程様子を見ていたがあくびをした際，シュノーケリングをしていた友人が突然視界から消え，2～3分しても見当たらないため，不審に思い入水し水中を捜索。海底に沈んでいる友人を発見，引き上げて浜に向う。監視をしていたライフセーバーが現場付近の遊泳客の不審な様子に気づき救助に向う。遊泳客の協力を得て溺者を浜に引き上げた時，意識なし，呼吸なし，脈なし。人工呼吸を開始するが，泡状（血液混じり）の嘔吐をくり返す。その後，他のライフセーバーと共に2 men CPRに入ろうとした時，脈回復。依然として呼吸はないため手動式人工呼吸器で人工呼吸を行う。人工呼吸を7～8回続行した後に激しい嘔吐があり自発呼吸回復。人工蘇生器にて補助的酸素供給を行う。意識なしのまま診療所へ運ばれる。数日後意識回復。溺者はてんかんの既応症があった。
使用救助器具：手動式人工呼吸器，人工蘇生器

5　レスキューとスポーツ

■平成9年8月　午後1時47分　（東京）
海水浴
25歳，男
陸から約15m，水深約2m，遊泳可，波高0.1m
遊泳客がパトロール中のライフセーバーに「人が沈んでいる」と通報。ライフセーバーが救助に向かい発見。レスキューチューブを巻きつけて，意識なし，呼吸なしを確認。人工呼吸2回行う。他のライフセーバーと2人で溺者を浜まで引き上げる。意識なし，呼吸なし，脈なし，ライフセーバーが2 men CPRを行う。泡状（血液混じり）の嘔吐物あり。その後救急車到着。医師とライフセーバーで2 men CPR続行。午後4時23分診療所にて死亡。酒の臭気あり。
使用救助器具：レスキューチューブ，ポケットマスク，手動式人工呼吸器，人工蘇生器

■平成9年8月　午前10時50分　（東京）
海水浴，スキンダイビング
69歳，男
陸から約25m，水深約2.5m，遊泳可，波高0m
遊泳客から「様子がおかしい人がいる」との通報を受け，ライフセーバーがレスキューチューブを持って救助に向かう。溺者を発見し，意識なしの状態で浜に引き上げる。浜で呼吸なし，脈なしを確認し，2 men CPRを行う。最初の人工呼吸の後，嘔吐があり，口内の異物を取り除きながら入れ歯をはずす。その後，救急隊到着，診療所までライフセーバーが2 men CPRを続行。診療所にて死亡。
使用救助器具：レスキューチューブ，マイクロシールド，人工蘇生器

■平成10年7月　午後3時00分　（静岡）
海水浴
74歳，男
陸から約10m，水深約1.5m，遊泳注意，波高1m
パトロール中のライフセーバーが，うつ伏せに浮いている溺者を発見。意識なしの状態で浜に引き上げる。浜でライフセーバーが呼吸なしを確認，人工呼吸を行う。連続的に嘔吐があり，溺者を横向きにしたまま人工蘇生器付帯の吸引器を使って除去し続ける。その後弱い呼吸，弱い脈を確認。その後救急隊に引き渡す。病院にて死亡。
使用救助器具：人工蘇生器

■平成10年7月　午後2時19分　（千葉）
海水浴
60歳，男
陸から約20m，水深約1.5m，遊泳注意，波高2m
くらげ浮き状態の溺者を発見。ライフセーバーがレスキューボードを使って溺者を浜に引き上げる。意識なし，呼吸なし，脈なし。浜でライフセーバーが1 man CPRを約7分間，その後2 men CPRを約8分間行う。人工呼吸の際，連続的に嘔吐を繰りかえす。その後，呼吸，脈ともに回復しないまま救急隊に引き渡した。病院にて死亡。
使用救助器具：レスキューボード

■平成10年8月　午後1時43分　（茨城）
海水浴
29歳，男
陸から約30m，水深約1.2m，遊泳注意，波高0.8m
ライフセーバーが溺れているような人を発見。レスキューチューブとフィンを持って救助に向かう。同時に近くで別の救助を行っていたライフセーバーもそれに気づき，2人のライフセーバーで溺者を確保。レスキューチューブを溺者に巻きつけた時は，意識なし，口と鼻から泡を吹いていた。その場所は，ちょうど波が崩れるところで，人工呼吸を行うには不適切だったので，直ちに浜まで溺者を引き上げた。浜にて呼吸なし，脈なし，ライフセーバーが2 men CPRを行う。途中，口や鼻から嘔吐を繰りかえす。その後，救急隊に引き渡す。死亡。
使用救助器具：レスキューチューブ，ポケットマスク

■平成10年8月　午後2時02分　（静岡）
海水浴
8歳，男
陸から0m，水深0m，遊泳可，波高0.1m
遊泳客から通報を受け，ライフセーバーが波打ち際に救助に向かう。意識なし，呼吸なし，脈なし。ライフセーバーと現場に観光に来ていた消防隊員とで2 men CPRを行う。人工呼吸の際，連続的に嘔吐あり。救急隊到着後，救急隊員とライフセーバーとでCPRを続行する。病院にて呼吸と脈回復。
使用救助器具：人工蘇生器

■平成10年8月　午前10時18分　（兵庫）
海水浴
60歳，男
陸から約10m，水深約1.2m，遊泳可，波高0.1m
監視タワー下で待機をしていたライフセーバーが，頭が海に沈み，背中だけ浮いている，くらげ浮き状態の溺者を発見。レスキューチューブを持って救助に向かう。意識なしの溺者を遊泳客の協力を得て浜に引き上げる。浜で鼻，口から泡を吹き嘔吐物が多いため，口内の異物を取り除く。呼吸なし，脈なしを確認，ライフセーバーが2 men CPRを行う。その後救急車到着，救急隊に引き渡す。翌朝病院にて死亡。
使用救助器具：レスキューチューブ，ポケットマスク

5.2. ライフセービング競技の意義と実際

ライフセービング競技は，スポーツのもつ本質，すなわち楽しみや記録を追及する面と，あらゆるアクアティックスポーツの安全を確保するといった，他のスポーツの反映を支援する面とがある。

わが国においても，高齢化社会の進展に伴い，生涯にわたる健康づくりの一環として，そのスポーツの重要性が再認識されているが，ライフセービング競技をさらに発展，普及することによって，スポーツ文化としての人間社会への貢献も期待できるであろう。また，四方を海に囲まれ，かつ急流で知られる河川，多くの湖沼を有するわが国において，ライフセービング競技が，いつでも，誰でも，どこでも，目的や能力・適性に応じて身近に楽しむ「生涯スポーツ」の視点からも注目されている理由がここにある。

そこで，ライフセービング競技を最も適切に，しかも明確に表現しているものとして，日本ライフセービング協会編『競技ハンドブック』がある。その第1章総論・第1項「ライフセービング競技の目的と意義」は，その特異性をも理解できる。

ライフセービング競技および競技会は，水の事故による犠牲者を限りなく減少させるための救助技術の向上や，ライフセービングの地域的振興，海浜等の有効利用による文化の向上と安全思想の普及，啓発を目的としている。また，実際に海岸やプールにおいて監視・救助活動を行うことが参加資格の中に謳われており，ライフセーバー同士のフレンドシップを深めるとともに，その応援者，オフィシャル（競技役員）等，ライフセービングに関わるすべての人びとの交流の場としての目的もある。競技種目は実際の救助活動に要求される要素をベースに作られており，その実践は厳しい環境下においても的確な判断のできる精神力とそれに対応できる肉体が要求される。すなわち，競技会を目指してトレーニングするということは，結果的に実際の救助活動に役立つということでもある。よって，ライフセービング競技はあくまでも手段にすぎないことを知り，勝利を越えた究極の目的は人命救助にある。

5.2.1. 競技種目とその有用性

ライフセービング活動（監視・救助）を行う際，あらゆる状況に対する行動が要求され，それ相応の心身が必要となる。したがって，普段からその用意はされていなくてはならず，その目標を明確にするため，それぞれの時期に開催される全日本選手権，学生選手権，室内選手権などはその必要な知力，体力，判断力などを維持，向上するために最も重要な動機となっていることはいうまでもない。

たとえば，競技種目はオーストラリアが80種目，日本26種目，国際大会31種目となっているが，その中でも，最も過酷でその要素を十分満しているものに複合競技・アイアンマン／アイ

5 レスキューとスポーツ

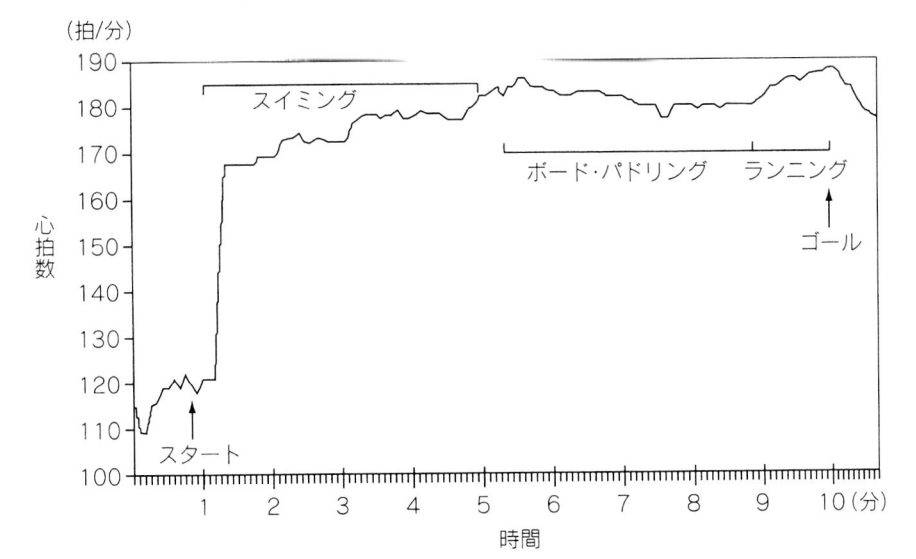

図5-2 競技中の心拍数変動 (小峯ら, 1991)

アンウーマンレース (Iron Men/Iron Woman Race) がある。

そこで，その競技中の心拍数を記録し，選手の身体負荷強度について検討した。被検者は，全日本選手権におけるアイアンマンレース出場者男子4名(年齢19.5±1.1歳)である。携帯式心拍数測定装置を用い，5秒ごとの心拍数を記録，同時に競技中の運動内容をビデオカメラに記録し，後日，各運動内容と心拍数の経時的変化とを動悸させた。

図5-2は，競技中の心拍数変動を示したものである。約9分間の競技中の心拍数は最高190拍／分であり，他の被検者も含めた平均最高心拍数は，スイム185.5±4.0拍／分，ボード・パドリング190.3±2.6拍／分，ラン189.8±2.4拍／分，であった。心拍数のみから身体負荷強度を推察すれば，170拍／分以上の高い心拍数を示す時間が，レース時間中の平均93.6％を占めていたことから，競技中の運動強度はかなり高いものであると考えられる。ただし，実際の救助時ではゴール直後にライフセーバーとして最も重要な心肺蘇生法を実施しなければならないことを忘れてはならず，さらなる救命技術も要求されるのである。

5.2.2 ゴール直後に要求される心肺蘇生

アイアンマンレースでの運動強度がかなり高いことが明らかにされた。しかもその運動強度は人命救助に使用されなければ意味をもたない理念が存在する以上，さらにその運動強度に加え，ALS(二次救命)に効果をつなぐ正確な心肺蘇生法(以下，CPR)が要求されるのである。

そこで，心拍数が急上昇するような激運動直後に実施されるCPRの技能的精度変化(運動負荷がCPR技能に及ぼす影響)についての検討を試みた。被検者はCPRの訓練を十分受けた学生60名で，人工呼吸と心臓マッサージをそれぞれ担当する2人一組CPRを訓練用ダミー(記録デー

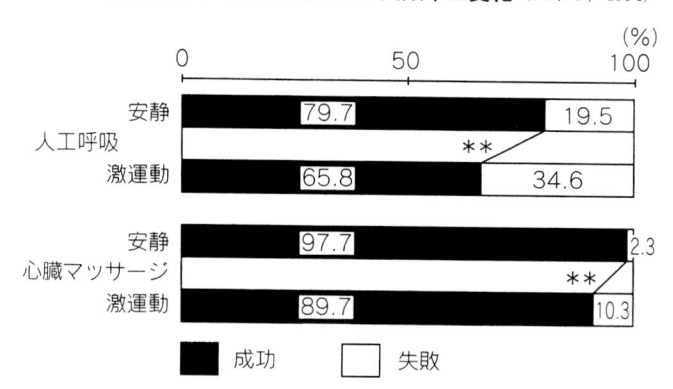

図5-3 激運動後のCPR成功および失敗率の変化 (山本ら，1994)

人工呼吸
- 安静：成功 79.7，失敗 19.5
- 激運動：成功 65.8，失敗 34.6 **

心臓マッサージ
- 安静：成功 97.7，失敗 2.3
- 激運動：成功 89.7，失敗 10.3 **

■ 成功　□ 失敗

ター付き）にて実施した。その際の技能評価を安静時と激運動後の2通りの方法で実施させた。激運動時の条件は，前述の救助時心拍数の実験結果から160～170拍／分に相当する運動（全力でのバービージャンプ）後のCPR実施とした。

　図のように，安静時では平均79.7%であった成功率が，激運動時には65.8%と有意に低下している。また，心臓マッサージも安静時では平均97.7%であった成功率が，激運動後には89.7%と有意に低下した。さらに，激運動後のCPRでは，どのような失敗試行が増加するのかを調べたのが図である。有意な増加を示したのが吹き込み量の過多である。心臓マッサージでは，圧迫の過弱であった。また，心臓マッサージの圧迫ペースは，安静時と激運動時で比較してみると前半，後半とも有意に圧迫ペースが速くなることがうかがえる（図5-3）。

　このように救助者自身の身体負荷強度が増加することにより，事故者における生命線のカギであるCPR技術の精度が低下してしまうことが明らかとなった。一般に広く行われているCPR訓練は安静時の状態で行われている。しかし，実際には水難事故はもとより，地上の事故であってもCPR実施者は駆けつけることが多く，心配，不安，などの精神的動揺や緊張のための心拍数上昇が考えられる。そのため，激運働を伴う実践的なCPR技能精度の低下を防ぐための習熟と心身強化が求められるのである。

　いうまでもないが，ライフセービング競技においてのゴールは，他の競技種目のゴールとは異なる。つまり，事故者が社会復帰された時こそを，ゴールと認識することは，監視・救助の視点より妥当であろう。その社会復帰が困難とされる症例は，CPAと呼ばれる状態，いわゆる心肺停止である。日本の救命率は諸外国と比較し惨憺たる結果であることは知られている。神経学的に後遺症を残さず社会復帰するカギは，事故目撃者によるCPR実施の有無であることは，脳細胞の生理学的特性からも明らかである。救急救命士制度の導入でも蘇生率向上には至っていない。なぜなら，医師，救急救命士ともに，事故現場から最も離れた場所にあり，事故現場で第一発見者になりえないことが自明だからである。その視点よりライフセーバーは溺

5 レスキューとスポーツ

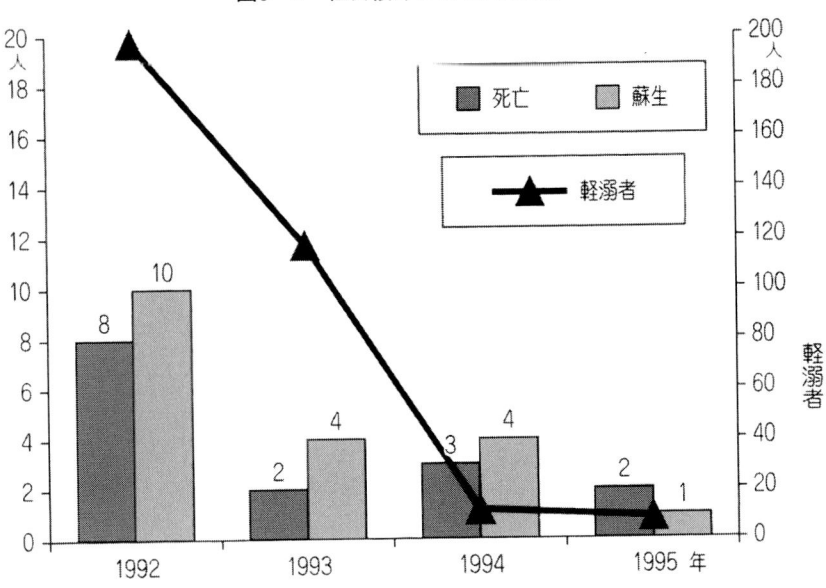

図5-4　社会復帰したCPR症例

水の第一発見者になり得る可能性，および蘇生率が最も高いポジションに存在しているのである。また，事故が起きたシミュレーションが訓練されていることと，パトロールによる早期発見の可能性，さらに溺水という低体温になる状況下では脳保護がなされ神経学的に良好な予後が期待できる条件が重なっている。

図5-4は，そのことを裏づけるライフセーバーによる救命率であり，社会復帰できたCPR症例である。日本の医療機関からの報告（わが国の蘇生率は，3％といわれている）と比較しても高い比率を示している。

以上のことから，ライフセービング競技種目の重要性を競技参加者が深く認識することは，そのスポーツの有意性を「楽しさ」から「使命感」を生み，生涯を通じてその参加を「誇り」にできる。

「生涯現役」という言葉，ライフセービング競技に最も相応しく存在しているのである。

5.3. スポーツとしてのライフセービング

5.3.1. ライフセービングとスポーツ

ライフセービング競技が，メディアなどを通じてそのスポーツ性が話題になる一方で，一般の認識は，あたかも競技がライフセービングのすべてを包括するような解釈をしてしまう傾向がある。確かにライフセービング競技は，他のスポーツと同様に「遊戯性」「競争性」「技術性」「組織性」などの要素が存在する。したがって，他のスポーツと同様にライフセービング競技

はスポーツであるといえる。ここでは、ライフセービングとライフセービング競技をどのように捉えて結びつけるかについて考えてみたい。

1908（明治41）年のオーストラリアの新聞の記事に、サーフライフセービングのスポーツ的価値について記した以下のような言葉がある。

「When sport is combined with usefulness and humanitarian objects,
such as are aimed at by these（surf lifesaving）clubs, then that sport is worth
encouraging;……」
(Relph, A. W., 1908年9月26日「*The Sydney Morning Herald*」)

「ライフセービングクラブが目指しているように、スポーツの有用性に
人道主義の目的が兼ね備わったとき、そのスポーツこそ奨励するべきである。」

この言葉は、「Heroes of the surf（海のヒーローたち）」と題されたライフセービングを紹介する記事の一部である。この記事が書かれた1908（明治41）年は、シドニーのマンリービーチで初のサーフライフセービング競技会が開催された年でもある。およそ100年前にライフセービング競技の意義を表現しようとしたこの言葉は現在でも共感することができる。つまり、ライフセービング競技は自己目的的なスポーツであるのみならず、人道主義に基づいた人命救助という目的をも兼ね備えており、そのことこそライフセービング競技の意義の一つであるということである。

さらにライフセービング競技の本質を理解するために、オーストラリアの元アイアンマンチャンピオンの言葉がよく引用される。それは「競技に勝つために、一生懸命トレーニングし自分を鍛える。そして、その勝利を得たとき、その鍛えられた身体が初めてレスキューを可能にする。自分のために鍛えた身体が、いつの間にか他者のために尽くすことにつながっていることが素晴らしい。だから私は一生懸命トレーニングする。つまり、競技のNo.1は、レスキューのNo.1である」という言葉である。この言葉は確かに説得力があり、しかもチャンピオンという立場からライフセービング競技の意義を述べている。このことは競技で勝利を追求しトレーニングすることが、結果としてレスキューの現場で生かされるという考え方である。ライフセービング競技は人命救助をモデルとし、いずれの種目もレスキューを想定して競われてきた。ライフセービング競技をスポーツとして捉えることは、そこに競い合うことが生じ、その結果として勝敗が存在することは当然のことである。そこで、上記のチャンピオンの言葉は、ライフセービング競技で競い合うこととレスキューで人のために尽くすことを結び付けて解釈できる。

さまざまなスポーツには、そのスポーツ特有の意義やスピリットが存在する。ライフセービング競技にも前述したような意義やスピリットが示されていると競技に取り組む選手の道しる

べとなり得る。そこで，ライフセービング競技における意義，スピリットについての考えをまとめてみたい。

まず，ライフセービングにおいて，人命救助としてのレスキュー活動とスポーツとしての競技活動は区別して考えられるべきである。つまり，ライフセービング競技はスポーツであるが，ライフセービングはスポーツではない。しかし，それらの精神は同様であることが望ましい。なぜならば，両者の共通の精神は「生命の尊重」という理念であり，競技とレスキューに共通の精神があるからこそ，そのスポーツ特有のさまざまな価値を育むことができるからである。共通の精神の基に行われるレスキュー活動と競技は，次のように結び付けて考えられる。

「レスキューを可能にするために一生懸命自分を鍛え，さらに強くなるために人と競い合う。そして，競技で勝とうとして努力したトレーニングの過程は，他者を救うことに生かされる。つまり，競技はレスキューのために存在し，競技の結果は，レスキューをすることができる証となる」

ここで強調したいことは，競技を通して，「勝とうとすること」に価値があると考えることである。「勝つ」ということと「勝とうとする」という表現について，『スポーツモラル』（近藤良享他訳，1990）という著書でのW.フレイリーの区別は興味深い。W.フレイリーは，「勝つとは，ひとつの行為ではなく到達を示す動詞である。それに対して，勝とうと試みる，もしくは試し合うとは，行為としての活動を示す動詞である。勝つという目的は，参加者の［個人的に意図された目的］としてではなく，その試合が良かろうと悪かろうと，試合の終結点を記述するものとして理解されるのが適切だろう。〜中略〜勝とうと試みることは，この目的がそれだけで十分価値があるためでなく，その試合とは別の特定の状況に到達するための手段となることから，参加者の［個人的に意図された目的］になり得るだろう」と述べている。ライフセービング競技の場合，「勝とうとすること」による試合とは，別の特定の状況に到達するための手段，つまりレスキュー活動のための手段であり，まさに競技の本質にある人命救助の心を見失わないことを意味する。さらに勝つことそのものを唯一の目的とするいわゆる勝利至上主義的立場では，場合によっては選手にとって正しくない行為を選択する可能性を含む。正しくない行為とは審判がみていない場面や，ルールに書かれていない場面で自己利益のみのために，いわゆるフェアでない，きたない行為をすることである。ライフセービング競技の場合，水中や陸上で他の選手を著しく妨害するようなことがあげられる。W.フレイリーは，この正しい行為のための基準として「道徳的基盤の必要性」をあげている。そして倫理的な問題の解決には「全ての人のため」「各人に等しく善」という道徳的観点の本質的特徴を述べている。すなわち，すべての人のため，各人に等しく善ということをライフセービング競技について考えて

みると，ライフセービング競技の道徳的基盤とは，まさしく人命救助の理念である「生命の尊重」である。この生命の尊重という道徳的基盤から判断すれば，ライフセービング競技にとって正しい行為とは何かが選択できる。また，仮にフェアでない行為をして勝ったとしても，レスキューの証とはならないのである。また，フェアな行為について，『闘争の倫理』(大西鉄之祐，1999)という著書で大西は，自らのラグビーの経験から「自分の良心に照らして絶対的に恥じない行動，それを誇りとするような共通の精神」と述べている。これらのW.フレイリーや大西の記述から，フェアの精神とは，ルール以前に存在するものであり，競技に取り組む方向性を決定する根幹を示すものではないかと考えられる。つまり，ライフセービング競技の場合，競い合っている相手は，人命救助の実践を通して互いに生命の尊重という同じ道徳的基盤をもっている。そのような相手と勝とうとすることを目的に全力で競い合うことこそ，ライフセービング競技におけるフェアの精神といえる。(写真5-1)

5.3.2. ライフセービング競技における価値

ライフセービング競技を，前述したように捉えると，そこからさまざまな価値を見出すことができる。ライフセービング競技の価値を，以下のように提案する。

(1) 命を救うためのスポーツ

勝とうとすることによって他者と競い合い，その過程を通してお互いを高め合う。競技のために努力して得られた知識，技術および体力は，水の事故から自分自身を守ることにつながり，また救助活動を通して人の為となる。すなわち，ライフセービング競技は命を救うためのスポーツとして，奉仕と競争を学ぶ。

(2) フェアの精神

ライフセービング競技は，レスキューのために存在すると動機づけできる。したがって，競技を通して，生命の尊重という道徳を基盤として競われる。すなわち，ライフセービング競技は，勝利至上主義ではなくフェアの精神に則ったルールとモラルを学ぶ。

(3) ライフセービングの普及

命を救うためのスポーツといわれるような他の競技にはない特殊性は，みるものにとっても十分魅力的な要素となり得る。競技が一つの契機となり，そこから自分も競技に参加したいと思う選手が増えることは，結果としてライフセーバーの獲得につながる。特に，子どもたちにとってあこがれとなるような選手の存在は，子どもたちがライフセービング競技に参加するきっかけとなり，さらにはライフセービングの実践者を増やすことにつながる。また，ライフセービング競技を通して，水の事故に対する知識，技術を紹介し，一般の人びとの水の事故に対する認識を向上させ，ひいてはそれが水辺の事故防止につながる。また，競技を通してライフセービングのイメージを向上させ，サポーターや理解者を増やすことにつながる。

現在，日本ライフセービング協会やサーフライフセービング・オーストラリアなどは，競技大会に参加する条件として，「監視，救助活動に従事すること」という規則を定めている。全日本選手権レベルのような大会で主催者がこの規則を設ける意味は，まさにライフセービング競技の本質とは何かを示していると考えられ，そのことは競技の歴史からみても原点のスピリットである。また，それとは別に子どもが参加できるライフセービング競技会などを普及させ，競技を通して生命尊重の理念を学ぶ手段とするべきである。今後，ライフセービング競技を通して，競技の価値を理解した個人が育まれ，それらの個人が社会に貢献できるような集団となっていくことこそ，ライフセービング競技の存在理由であると考える。

写真5-1　折れたボードをもって最後までゴールしようとする選手（全豪選手権大会）

出所）Galton, B., *Gold, Silver, Bronze Australian Surf Life Saving Championships Official Record*, A Surf Life Saving Queensland Publication, 1993.

5.4. ライフセービングの SURF（海）種目

IRON MAN RACE
アイアンマンレース

鉄人レースの名のとおり、ライフセービング競技の中で最も過酷といわれる複合競技。この競技は一人で泳ぎ、走り、サーフスキーや、レスキューボードのパドリングを続けて行う。距離は当日の天候や波の状況によって変わるが、スイム、サーフスキー、レスキューボードの順番によってもレース展開が大きく左右するので、総合的な力を要求される。

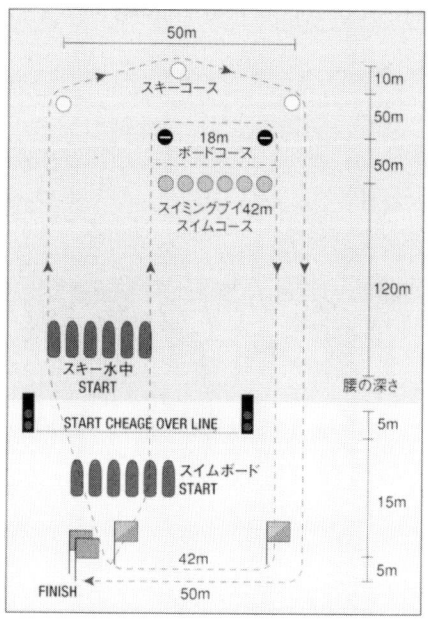

TAPLIN RELAY RACE
タップリンリレーレース

アイアンマンと同様、泳ぎ、サーフスキー、レスキューボードの3種目を3人のリレーで行う。それぞれの種目を得意とする選手がチームから選抜してくるので、まさにチームの総合力が要求される。

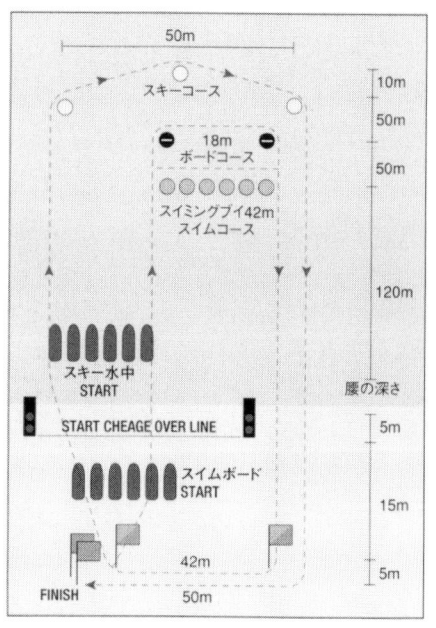

5 レスキューとスポーツ

SURF SKI RACE
サーフスキーレース

　パドルボードレースと同様のコースを使用し、長さ約5.8mのサーフスキーをパドリングしての早さを競う。このレースはパドルボードレースと違い、水際の水中スタート、水中ゴールとなる。

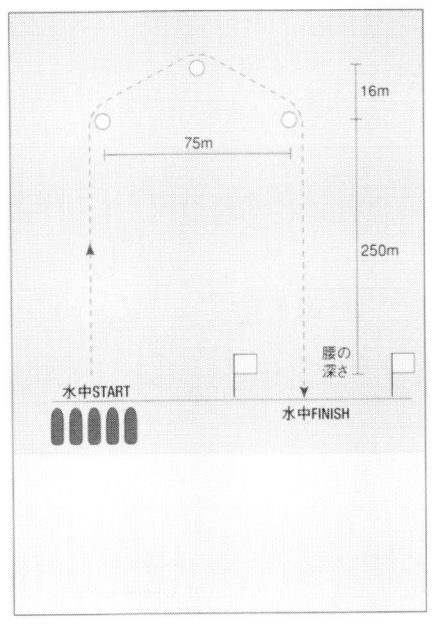

RESCUE TUBE RESCUE RACE
レスキューチューブ・レスキューレース

　ライフセービングの本来の意味である水難救助の色彩が色濃く表現された競技である。この競技は4人1チームで競われ、沖のブイにいる選手（溺者）を他の一人の選手がレスキューチューブを引っ張って救助し、残りの2人が協力してゴールする。

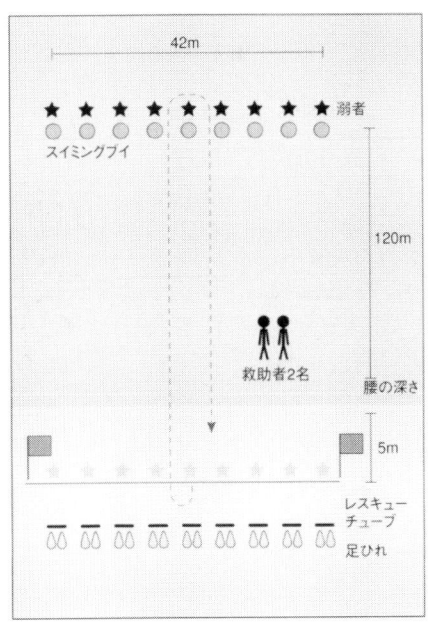

89

RESCUE BOARD RESCUE RACE
レスキューボード・レスキューレース

　レスキューチューブ・レスキューレースと同様、水難救助の色が表われる競技である。こちらは、選手の一人が泳いで沖のブイに向かい、ブイに着いた時点でもう一人の競技者がこれをボードで救助する。スタートは浜だが、ゴールは波打ち際近くに指定した水中ゴールとなる。

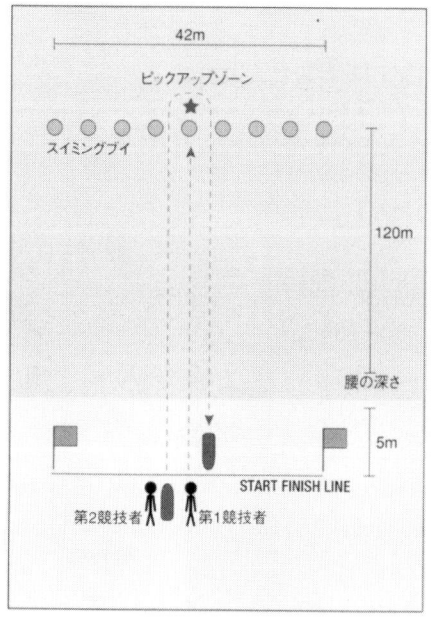

BEACH FLAGS
ビーチフラッグス

　目標とは反対側の向きにうつ伏せとなり、"Heads down"という号令で位置に付き、スタートの合図と共に20m先の競技者より少ないホースチューブ（フラッグ）を取り合う。取り損ねた者から除外される。

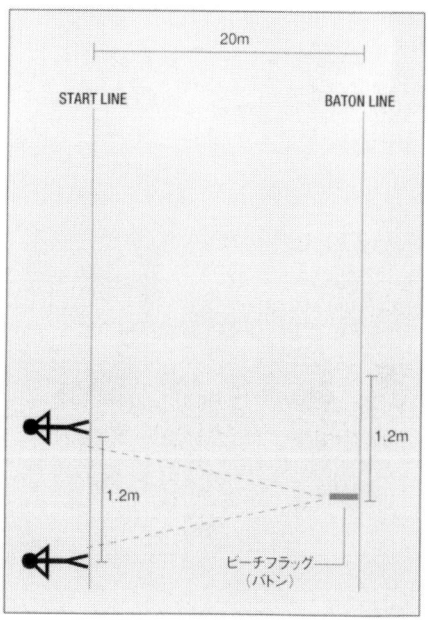

5 レスキューとスポーツ

BEACH SPRINT
ビーチスプリント

　文字通り、砂浜における90m走。しかし、砂浜という特殊な状況の場所を早く走ることが要求されるライフセーバーにとっては、普通の瞬発力を競うというよりは砂浜での慣れが勝敗を決める競技である。

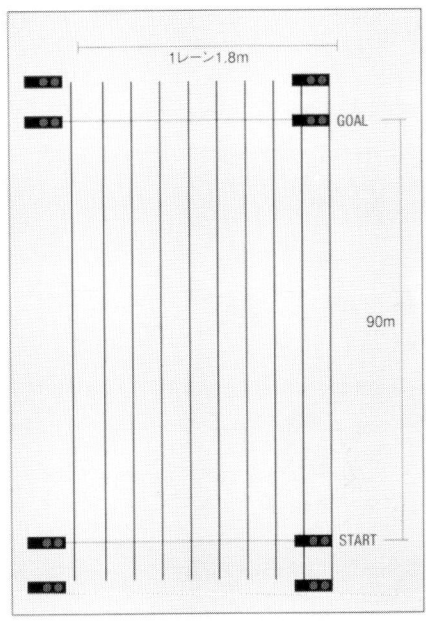

RUN SWIM RUN
ラン・スイム・ラン

　文字通り、走って泳いで走る。ライフセーバーの最も基本となる競技。海岸を200m走り、120m沖の7連のブイを泳いで回り、再び海岸を200m走る。

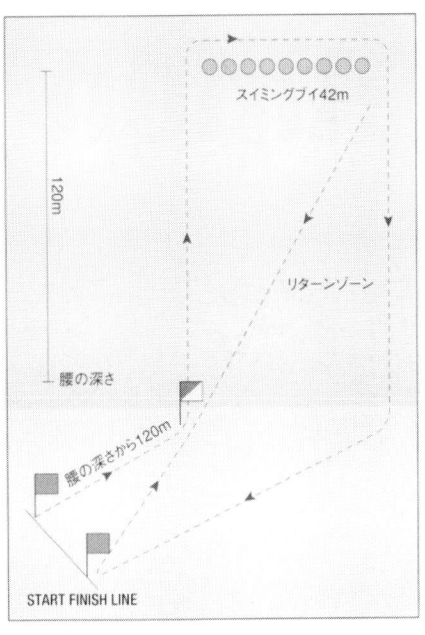

BEACH RELAY
ビーチリレー

ビーチスプリント同様のコースを4名の選手でリレー。前走の選手とチェンジオーバーゾーン内でバトンの受け渡しをしなければならない。

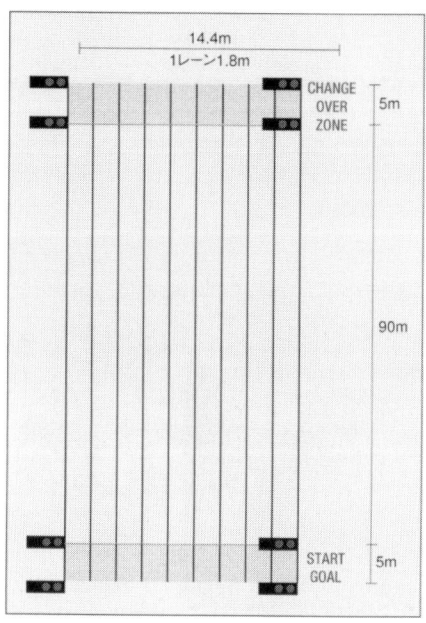

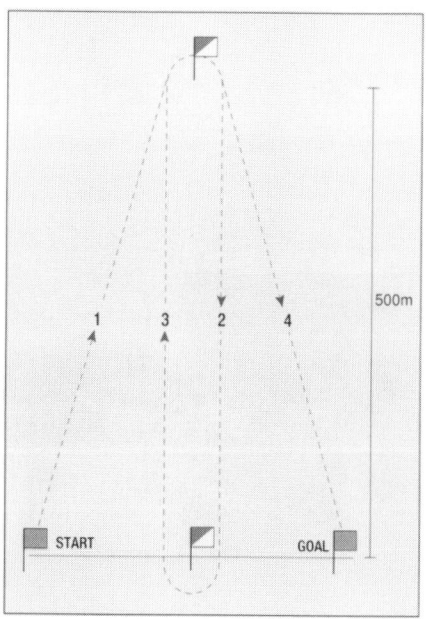

2km BEACH RUN
2kmビーチラン

海岸に立てられた500m間隔の旗を2往復走る。

5 レスキューとスポーツ

PADDLE BORD RACE
パドルボードレース

トータル約800mをパドルボードで早さを競う。

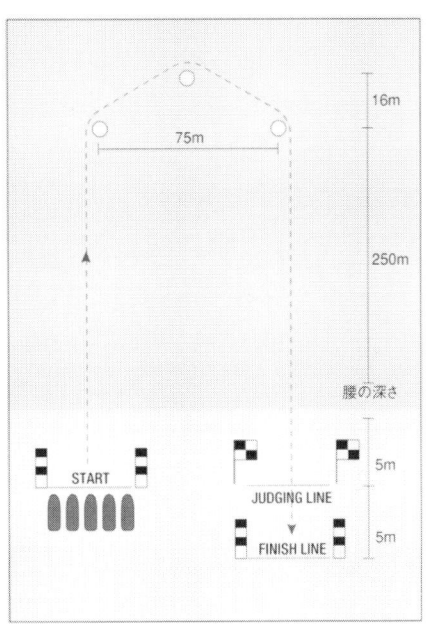

5.5. ライフセービング競技のSTILL WATER（プール）種目

50m MANIKIN RESCUE
50mマネキンレスキューレース

25mを自由形で泳ぎ、残り25mはライフセービング用マネキン（溺者）を引いて泳ぐ。マネキンの中には水が入っていて、約60kgの重さがある。

100m MANIKIN RESCUE
100mマネキンレスキューレース

フィン（足ひれ）を付け、50mを自由形で泳ぎ、水底にあるマネキンを引上げ、残り50mをマネキンを引いて泳ぐ。

100m COMBINED RESCUE MEDLEY
100mレスキューメドレー

50mを自由形で泳ぎ、つづけて20m（女子は15m）の潜行をし、残りの30m（女子は35m）はマネキンを引いて泳ぐ。

200m FREESTYLE SWIMMING WITH OBSTACLES
200m 自由形障害物レース

2カ所の障害物（70cmの深さのネット）の下をくぐり抜けながら200m自由形で泳ぐ。

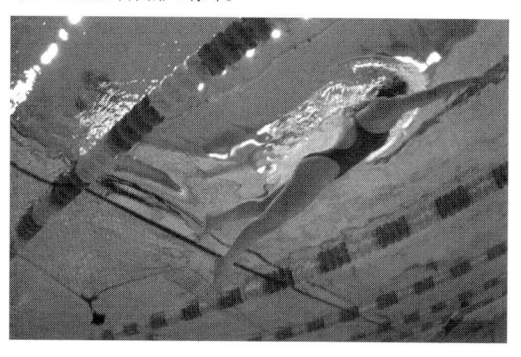

4×50m FREESTYLE RELAY WITH OBSTACLES
4×50m 自由形障害物リレー

1チーム4名の選手。2カ所の障害物（70cmの深さのネット）の下をくぐり抜けながら50m自由形で泳ぐリレー。

4×50m MANIKIN RESCUE RELAY
4×50m マネキンレスキューリレー

1チーム4名の選手。第1泳者はフィンを付け50mを自由形で泳ぐ。第2泳者はフィンを付け50m潜行した後、水底のマネキンを引上げる。第3泳者はマネキンを50m引いて泳ぐ。第4泳者はフィンを付けマネキンを50m引いて泳ぐ。

THROWING A LIFESAVING BALL
ライフセービングボール投げ

1チーム4名の選手。一人の救助者が12m離れた位置にいる3人の溺者にボールを投げ、救助するスピードを競う。ただし、2分30秒以内に3人とも救助できない場合は失格となる。

4×50m RESCUE TUBE RELAY
4×50m レスキューチューブリレー

1チーム4名の選手。第1泳者は50mを自由形で泳ぐ。第2泳者はフィンを付け50mを自由形で泳ぐ。第3泳者はレスキューチューブを50m引いて泳ぐ。第4泳者はフィンを付け、溺者（第3泳者）をレスキューチューブで救助し引いて泳ぐ。

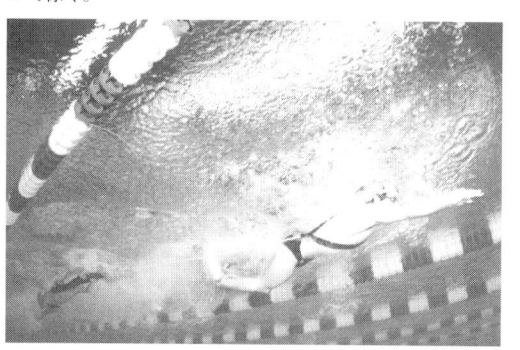

INITIATIVE ASSESSMENT EVENT
アセスメントテスト

1チーム4名の選手。90秒間にプールやプールサイドにいる溺者、患者の救助、応急処置を速やかに、そして正確さを競う。

6
ライフセービングと教育

6.1. 生命教育としてのライフセービング

　約10年の間隔で学習指導要領の改訂がある。

　新たな学習指導要領は，平成14年度から全国の小・中学校で完全実施され，ゆとりの中で「生きる力」を育むことが大きなテーマとなった。このテーマは，知識や技能を教師が一方的に教え込もうとする従来の学校教育を見直し，児童・生徒が具体的な体験を通して自ら意欲的に学んでいくことを重視しようというものである。

　この改訂を象徴しているのが，新たに創設された「総合的な学習の時間」である。従来の教科枠を超えたテーマを設定し，何よりも児童・生徒が具体的な体験学習を通して，自ら学ぶ力や学び方，調べ方などを身に付けていくことがねらいとされている。「総合的な学習の時間」でのテーマ設定は，各学校の創意工夫にまかされているが，体育との関連から，自然体験的な活動がその一つとして期待されている。自然体験的な活動とは身体的活動ばかりでなく，自然環境などの理解，各地域のさまざまな特徴を学ぶなど，多くの内容が含まれる。その自然体験的な活動の一つである「水辺活動」は，今回の学習指導要領改訂では体育・保健体育科の枠内でも示されている。

　そこで，この新学習指導要領のねらいと，ライフセービング教育＝生命教育との関連性について述べてみたい。

　学校の授業で水辺活動を実施するにあたって，「安全」は第一に優先される項目であることは自明である。自然のなかで実施される水辺活動では，ある種の危険が常に存在する。しかしここでは，単に生命を水から遠ざける安全ではなく，むしろ水と親しむことによって，危険を回避する姿勢を養う安全を目指さなければならない。つまり「安全の自律性」である。

　水難事故に遭遇しない，あるいは事故を未然に防ぐ最も確実な方法は，その行為に参加しないことであるが，それでは「楽しさ」や「冒険性」「意外性」に触れ，実感したりすることは永久にできない。水辺活動への参加は，危険を正しく理解し，自律的な安全の上に成り立ってこそ意味がある。

ライフセービング活動における最悪の状況は,「死」に接することである。「死に至る過程に接する」といったほうが正確かもしれない。しかし,その反面「蘇生」＝死に至らしめなかったという蘇生術（一次救命）をも担い,その死に限りなく近い状況を目のあたりにする体験こそ,逆に「生」へのあくなき挑戦が芽生え,その使命感が生まれことは有益である。

　今日までの学校教育の場において,「死」は積極的に取り上げられることがなかった。しかし社会的変化に伴う凶悪犯罪から自殺までの死が急増している今,死を遠ざけての生より,死を見つめての生を考える教育が浸透しつつある。前提は「死」は誰もが経験する宿命にあり,決して暗いことや,縁起でもないことではない。「死」を意識したときの内面は「限りある命,だからこそ命を大切にする」「たった一度きりの人生は,与えられたものとして,より豊かに生きるよう努める」などの姿勢が生まれる。「Death Education」では,「単に死ぬということはどういうことかを教えるのではなく,生きることを真剣に考える教育,または生命を尊ぶ心を育てる教育に他ならない」という。

　ライフセービング教育では「知っている―分かっている―理解している―身についてる」過程の段階を重視している。たとえば小学校で生命を尊重する心を育てることは,教師がそれを知的な概念として一斉に教えることよりも,子ども自身が自らの成長に即して主体的に命に対する考え方を育てていくよう援助することが大切であるといえる。つまり,生命を尊重する心は,資質として子どもの内面に潜んでいるものであり,それを心のなかで芽生えさせ,出現させ,大きくしっかりと育てていくことが大切ではないかと思う。

写真6-1　ジュニアのライフセーバー

昨今，子どもたちが生命を軽視する風潮にそまりつつあるような現実を前にして，学校，家庭，地域社会が密接に連携してそれぞれの立場で命の大切さを指導すること。すなわち子どもの内面から出現する生命を尊重する心の資質を研いでいく指導は不可欠である。

「命の大切さ」は，どれだけ強調してもし過ぎるということはない。特に，学校は子どもたちへの心の教育を進める「核」としての役割を自覚し，積極的にその力を発揮する時が来たといえる。

学習指導要領における水辺活動

学習指導要領のねらいと取り扱い（要約）
・地域の特色ある教育活動を創り，特色ある学校をつくる。
・基礎基本となる知識や生活技術をもとに自分流の考え方，学び方を培う。
・社会生活の基礎をさまざまな遊びや体験から習得する。
・生命に対する畏敬の念を学び，日本人としてプライドを育てる。
・個性豊かで国際理解・貢献のできる人材を育てる。
・家庭や地域社会との連携を深め，自然体験やボランティア活動などの社会体験を通じて道徳性を育てる。
・観察，実験，見学，調査，発表，討論等を通して，問題解決能力を養う。
・グループ学習や異年齢集団による多様な学習形態を導入し，物づくりや生産活動などを体験する。
・地域の人びとの協力を得て，全教師が一体となって取り組む。

総合的な水辺活動プログラムの学習課題
・生命と水，人間生活と水について学ぶ。
・子どもの実態に応じた興味関心のある水辺活動をとおして，問題解決能力を育てる。
・完成された水辺スポーツ技術や知識を獲得し，生活に導入する方法を習得する。

これら総合的な水辺活動プログラムを捕らえるには，まずはその全体のイメージを認識することが大切である。「樹をみずに森をみよ」という言葉があるように，その全体像は図6-1が理解しやすい。

われわれ人間が存在するこの地球は，太陽系の惑星のなかで唯一表面に液体の水を有し，その表面積の約7割が海や川，湖，沼，池であり，まさに図6-1の流れのごとく再認識する。これを前提にして，さまざまな地形・水形の特徴を生かしたレジャー・スポーツ活動が盛んに行われている。その活動の基本になるのがライフセービングと理解されたい。つまり，あらゆる

図6-1　ライフセービングの周辺

出所）水辺活動のための指導者用テキスト　㈶日本マリンスポーツ普及教育振興財団

レジャー・スポーツ活動の一つにライフセービングが存在するのではなく，それら活動を支えるためすべての前提になる「安全教育」こそ，ライフセービングなのである。

6.1.1. 学校教育における実際例

ライフセービングの学校教育導入には，通常授業「水泳」に導入している方法，あるいは臨海学校・水泳実習に導入している場合の2通りがある。

はじめに，公立小学校における通常授業「水泳」に導入した例である。「水泳学習における効果的学習過程の研究」として，学校体育における水泳学習と，子どもたちの日常生活における水との関わりについての相関を理解するねらいがあった。つまり，泳法や記録にこだわる競泳としての水泳のみに重点を置くのではなく，生涯体育の観点からも生活に密着した水泳学習であるべきとの見解による学習課程である。

よって，水そのものを楽しみ（親しみ），そのなかで自分の命を守る安全確保の獲得ができる「泳げる人」を育てたい，という意がライフセービング導入に至った経緯でもある。

6 ライフセービングと教育

　具体的には，まず泳げるようになることが従来どおりに水泳授業の最終目標とし，そのなかで水難事故に遭遇した際など，生命を守ることが基本であることの意識を強調した。つまり，「泳ぐことができる」よりも「水の事故から身を守る」ことの視点によって作成された例が表6-1である。

　指導にあたっては「泳げなくても（泳がなくても）助かる・助ける方法がある」という意識をもたせ，これまでの経験が水泳に対して苦手意識をもつ児童の意識をかえ，楽しみながら学習参加することこそ優先した。

表6-1　学習課程例

		5　　10　　15　　20　　25　　30　　35　　40　　45
1	準備運動・アクアビクス的運動	オリエンテーション／バディシステムについて　　≪水慣れ≫浮き身・水中姿勢・潜水
2		ジュニアライフセービング（1）「助かるために（セルフレスキュー）」　　≪クロール≫キャッチ・プル・プッシュ
3		ジュニアライフセービング（2）「助けてもらうために」　　≪クロール≫リカバリー・ブレス
4		ジュニアライフセービング（3）レスキュー①：スローレスキュー　　≪クロール≫コンビネーション
5		ジュニアライフセービング（4）レスキュー②：リーチレスキュー　　≪平泳ぎ≫スイープ
6		ジュニアライフセービング（5）着衣水泳・ライフセービングバックストローク　　≪平泳ぎ≫キック・ブレス
7		ジュニアライフセービング（6）まとめ　　≪クロール≫コンビネーション
8		『ジュニアライフセービングカーニバル』レスキュー発表会　距離泳（50m泳）時間泳（3分間泳）
9		水泳記録会（学年行事）
10		水泳記録会（学年行事）

（整理運動）

(1) 助かるために（セルフレスキュー）転落体験
　　転落体験・水の事故はあらゆる状況によって転落し，水没する疑似体験を通じて万が一に備える。助けがくるまで浮いておくためのトレーニング。
(2) 助けてもらうために　水上での遭難
　　水上での遭難・転落した場合，助けがくるまで浮いておくトレーニングとレスキュー要請のサインの徹底（写真6-2, 6-3）。
(3) レスキュー①：スローレスキュー
　　溺者に身近かな浮力のある物を投げる。それを浮き具代わりにして浮かせ，大人を呼びにいく。
(4) レスキュー②：リーチレスキュー
　　溺者に長い棒やロープを差し伸べてつかまらせる。

写真6-2　レスキュー要請①

写真6-3　レスキュー要請②

(5) 着衣泳・ライフセービングバックストローク。着衣状態で転落したときの疑似体験とセルフレスキューとしての泳法。

　以上のように，本プログラムの学習効果をまとめると，従来の水泳に対する子どもたちの興味・関心は高まり，意欲的に学習する姿が多く見受けられた。また，水上の安全に対する意識の高揚に加え，自己防衛としての泳力向上により，結果として，目標の「50メートル完泳」達成率が37％から91％に上昇したとの報告もある。
　ライフセービング導入は，自己の確立や強い体力・意志力の育成，公徳心の醸成といった道徳的・体育的にも非常に大きい有益性が得られるという，現場指導者からの報告は多い。今後の水泳教育にも何らかの示唆を包含するものとして，その効果が期待される。

6.1.2. 学外教育（臨海学校）における実際例

　本プログラムの目的は，海における泳力向上とライフセービング教育を通じ，海辺の安全に関する知識と技術を体験学習させることにある。それによる命の尊さと自己防止の考え方を身につけ，自他共生のこころを養い，海という自然を親しみながら環境保全の大切さを学び，自己の社会的な人間形成にも役立たせることにある。
　プログラムはレスキューのデモンストレーションに始まり，波の中で安全に遊ぶ方法や救助の基本について学び，最後の締めくくりに続泳を実施する。
　生徒からのアンケート調査によると，最も楽しかったことは，ニッパーボード（写真6-4）やボディーサーフィンという，波（水）に乗る（滑る）身体感覚が顕著である。なかでも最も心に残ったものは続泳（遠泳）であり，聞けば，学校のプールによる泳力に比して，海での泳ぎが楽で楽しく，何よりも折り返しなくながく泳げた達成が充実感となっている（写真6-4）。
　人工プール（塩素）に慣れた生徒たちの身体が，大海原に浸かる瞬間の精神効用は，開放的，神秘的な魅力ゆえに癒され，非日常的体験・体感によるそのアンケート調査は，限りなく前向きであることは誰もが認めるところである。
　写真6-5は，救助法「スイム」の内容に含まれているレスキューチューブで溺れた者を救助（牽引）する方法である。
　この方法による教育効果は，単に救助する方法を体験してもらうことではなく，「救助する」「救助される」双方の立場による，その辛さおよび苦しさを体験することにより，このような事故を起こしてはならない気持ちを増大させることにある。その結果，自ずから行動が慎重になり，危険回避が期待される。つまり，溺れたものは重く，泳いで救助することは容易ではないことを体感させ，溺れない自身を意識させること。また，むやみに救助しにいけば自身が溺れてしまう（二重事故）ことを知らせ，「泳がないでも救助する方法」という事故防止の徹底が重要である。

表6−2 体験学習に活用できるライフセービングから学ぶプログラム例

プログラムの内容		指導　目標
オリエンテーション	ライフセービングについての概要説明	ライフセービングとは水辺の救助活動であり、溺れる人を助けることも重要だが、それ以上に一人一人が溺れないようにすることが大切であることを理解する。
	レスキュー・デモンストレーション	レスキューチューブとレスキューボードを使用して溺れている人を救助する方法と蘇生法を見る。
ビーチクリーン	ビーチクリーンの重要性	地球環境汚染の一つとして海洋汚染があることを認識し、汚染の進行が最終的に人類に降りかかる重要な問題であることを理解する。また、海岸のゴミは人体に危険である場合も多いため、事故防止のためにもゴミを拾うことを知る。
	ビーチクリーンの実施	実際にどんなゴミが落ちているのかを知る。またゴミ拾いの苦労を知り、ゴミを捨ててはいけないことを認識する。
安全確保	バディ・システム	海に入るときは一人では入らず、必ず誰かと一緒に入ることを守る。
	ヒューマンチェーン	握手ではなく、お互いの手首と手首をつなぐことによって、波の中でも確実に相手を確保できるようになる。
サーフスキル	ウエーディング	砂浜の海岸の浅瀬を、膝を水面から上げて走る。両腕を大きく振ると足が高く上がる。
	ドルフィンスルー	沖に向って進むとき、波に対して海中に潜ることによって波をよける方法。しっかり海底を蹴ってイルカのように水面上にジャンプする。
	ボディサーフィン	沖から岸に向うとき、崩れる波に合わせて、自分の身体を一枚のサーフボードのようにして波に乗る方法。腕を伸ばして頭を下げ、しっかりバタ足をして勢いをつける。
	ヘッドアップスイム	顔を海面から上げて、目的地や周囲の状況を確認する方法。クロールでできるようになる。
サーフフィットネス	ラン・スイム・ラン	砂浜を走って、そのまま海に入って泳ぎ、再び砂浜を走るトレーニング。正規の距離は200mスイム＋200mラン＋200mスイムだが、レベルに応じて挑戦する。
	ニッパーボード	レスキューボードのジュニア版に乗って、バランス感覚をつかむ。慣れてきたら、パドリングをしたり波に乗ってみる。
サーフサバイバル	浮き身	浮き具を持たず身体一つで浮く方法と身近なものとしてペットボトルで浮く方法をそれぞれ体験する。
	エレメンタリーライフセービングバックストローク	背浮きの状態から上を向いたまま、平泳ぎの要領でゆっくりと疲れないように泳ぐ。
	カレントからの脱出法	リップカレント（離岸流）にはまったら、あせらずに一度沖に流され、流れのない安全な場所から岸に戻る。
救助法	リーチ	二重事故を防ぐために、まず身近にある長いモノで相手を確保する。
	スロー	リーチで届かない場合、浮き具を投げて確保する。
	スイム	浮き具を投げても届かない場合、最終手段で泳ぎ助けるが、必ずレスキューチューブなどの救助機材を持って行く。
メインイベント	続泳	中級・上級は海の状態、参加者の泳力に合わせて、集団で20分程度の続泳を行い、全員完泳を目指す。
	ビーチフラッグス	初級は続泳の代わりに、ビーチフラッグスを行う。すばやく起きあがる、低い姿勢で走る、ダイブしてチューブを取ることを練習し、安全に速く目的地まで走れるようになる。

6　ライフセービングと教育

写真6-4

写真6-5

写真6-6

写真6-7

6 ライフセービングと教育

6.2. サーフライフセービング・オーストラリアのジュニア・プログラム

　サーフライフセービング・オーストラリア（SLSA：Surf Life Saving Australia）は，子どもに対するサーフライフセービング教育を積極的に行っている。SLSAにおける子どもへのサーフライフセービング教育は，各クラブごとに行われ，クラブの子どもの親，コーチ，インストラクターなどが協力してその運営に当たっている。SLSAは，子どもに対する指導者のために『National Junior Activities Coach Instructors Resource Guide』を会員に提供している。この指導書では，子どもの発育・発達に応じて3段階のステージに分けてライフセービングのプログラムが組まれている。ステージ1は，7～9歳のプログラムで，子どもたちが楽しみながら行えるように多くの内容はゲーム形式となっている。ステージ2は9～11歳用，さらにステージ3は11～13歳用として，ステージが進むにつれてライフセービングの知識，技術が発展的に学習できるようになっている。各ステージにおけるプログラムの内容は，「ライフセービング知識」と「ライフセービング技術」に分けられている。ライフセービング知識とは，海の知識，海の安全，ファーストエイド，などに関する項目が含まれている。また，ライフセービング技術とは，海でのサバイバル，海での救助などに関する項目でレスキューのための導入としてスイム，ラン，ボードなどの技術が学べるようになっている。ここでは，この指導書の中から，以下のプログラムについて紹介する。

　① ステージ1（ライフセービング知識）
　② ステージ1（ライフセービング技術）
　③ ゲーム

①ステージ1（7～9歳用）・ライフセービング知識

オリエンテーション

導入（10分）
　・ネームゲーム（参照「ゲーム」）で参加した子どもたちの名前を覚えさせる
　・それぞれの子どもに，「ライフセーバーはどんな活動を行うのか」について聞き，説明させる

主な指導ポイント：「緊急時の行動とパトロール活動の理解」
　　（15分）
　・サーフライフセービングクラブのクラブハウスに子どもたちを連れて行き，緊急電話，救急処置ルームおよび救助器具の場所を確かめさせる
　・サーフライフセーバーの役割を説明し，ライフセーバーは，緊急時に対応するために訓練していることを説明する
　・パトロール中のライフセーバーをどう見つけるかについて説明する（模擬パトロール，ユニフォームの紹介など）
　・子どもたちに緊急時の行動について理解させる
　　（ライフセーバーの呼び方，救急車への連絡方法など）

展開（20～30分）・ウォーミングアップの後，「ライフセービング技術」項目のどれかを行う（参照「ラ

　　　　　　　　　イフセービング技術」)
必要なもの　　　パトロール中のライフセーバー

救助器具について

導入（5分）　　　・サーフパトロールについて子どもたちに聞き，理解させる
　　　　　　　　・模擬のパトロールを行い，遊泳区域や監視台について説明する
主な指導ポイント：「パトロールに使う用具」
　　（10分）　　　・パトロールに使う用具について説明する（旗，監視台，ストレッチャー（担架），救急箱など）
　　　　　　　　・パトロールを行う場所，遊泳区域およびビーチや海の状況などについて説明する
　　　　　　　　・模擬救助を子どもたちに見せ，どんなことが行われているのか説明する
展開（35分）　　・あらかじめ並べられたパトロール用具を子どもたちに見せ，次に子どもたちに見えないようにして，その中のいくつかの用具を取り除く。そして子どもたちに取り除かれた用具を当てさせる
　　　　　　　　・ウォーミングアップの後，ウエーディングとイルカジャンプを練習させる
必要なもの　　　パトロールの用具，水着，タオル

日焼け防止について（1）

導入（15分）　　・子どもたちの帽子，日焼け止めクリーム，Tシャツをチェックする
　　　　　　　　・その日の天気や日焼けの危険度をチェックする
　　　　　　　　・ゲーム（参照「ゲーム」）を行う（天気や準備品および参加者の人数を考慮にいれて行う）
主な指導ポイント：「なぜ11時～15時の間，直射日光に肌をさらすことがよくないのかについて説明」
　　（5～10分）　・シンプルな図を使って，時間によって変わる太陽の位置について説明する。太陽が一番近い位置になるのはいつか？なぜ11時～15時の間が一番危険なのか？
展開（30分）　　・地球と太陽のモデルをつくって子どもたち自身で他の友達に説明させる
　　　　　　　　・11時から15時の間，どうしたら直射日光に肌をさらさなくてすむか考えさせる
　　　　　　　　・ゲームやライフセービングの技術練習を行わせる（参照「ライフセービング技術」）

日焼け防止について（2）

導入（10分）　　・子どもたちの帽子，日焼け止めクリーム，Tシャツをチェックする
　　　　　　　　・その日の天気や日焼けの危険度をチェックする
　　　　　　　　・ゲーム（参照「ゲーム」）を行わせる（天気や準備品および参加者の人数を考慮にいれて行う）
主な指導ポイント：「太陽光が，いろいろな"もの"に与える影響について観察」
　　（5～10分）　・数日間に渡っていくつかの実験を行う
　　　　　　　　　1　新聞紙を「日の当たる場所」と「当たらない場所」に置き，2～3日後にそれらの色の違いを観察させる
　　　　　　　　　2　粘土の固まりで1と同様な実験を行い，1日での変化を観察させる
　　　　　　　　　3　暑い日には，ペットがどのようにしているかについて説明する
　　　　　　　　　4　どのように「日に当たりすぎた」ということを知ることができるのか？
展開（25～30分）・多くの生物は，太陽から自らを守る自然の方法をもっている。それらの例を子どもたちに紹介する

6　ライフセービングと教育

・「ライフセービング技術」のどれかを選んで技術を練習させる（参照「ライフセービング技術」）

海の安全について（1）

導入（15分）　・ゲーム（参照「ゲーム」）を行わせる（天気や準備品および参加者の人数を考慮にいれて行う）

主な指導ポイント：**「ひとりだけでは泳がない，また旗の間で泳ぐことの理解（オーストラリアでは，**
　（5〜10分）　　**安全な遊泳区域を2本の旗の間と指定するルールがある）**
　　　　　　　・子どもたちに「バディ（2人1組）」をつくらせ，バディシステム（お互いに注意しあうこと）をとりながら胸くらいの深さで波をつかまえる練習をさせる
　　　　　　　・「旗の間で泳ぐことの重要性」と「水の中ではいつもバディといっしょにいること」を復習させる

展開（35分）　・くずれてくる波を利用して，波に乗る感覚をつかむ練習をさせる

必要なもの　　水着，タオル

海の安全について（2）

導入（10〜15分）・ゲーム（参照「ゲーム」）を行わせる（天気や準備品および参加者の人数を考慮にいれて行う）
　　　　　　　・サンドバンクについての説明し（でき方や見分け方），砂浜の高いところからサンドバンクのあるところを見つけさせる

主な指導ポイント：**「リップカレント"離岸流"を知る」**
　（5〜10分）　　・リップカレントはどのようにできるのか，またその危険性を説明し，話し合わせる

展開（25〜35分）1）・ビーチに沿って歩き高い位置からリップカレント（離岸流）の場所を見つけさせる。子どもたちに，ビーチからどのようにリップカレントを見つけることができるかを説明する（水の色が周囲と違うことなど）。
　　　　　　　　・リップカレントに"何か浮くもの"（たとえばコルクなど）を投げ込み，それがどう流されるか観察させる（しかしこの方法は，風の強さや方向などによってはリップカレントの流れどおりにならない場合がある）
　　　　　　　2）「ライフセービング技術」のどれかを選んで技術を練習させる。（参照「サーフライフセービングの技術」）

必要なもの　　何か水に浮くもの，水着，タオル

海の安全について（3）

導入（10〜15分）・ゲーム（参照「ゲーム」）を行わせる（天気や準備品および参加者の人数を考慮にいれて行う）

主な指導ポイント：**「サンドバンクについての知識」**
　（10分）　　　・サンドバンクとは何か，またそれはどのようにできるのかについて図をかいて説明し話し合わせる
　　　　　　　・もしビーチに明らかなサンドバンクがあれば，子どもたちにどう見つけるのか，またどこにあるのかを見せる
　　　　　　　・波打ち際を利用して，子どもたちに小さなサンドバンクを作らせ，その周りの水の流れを理解させる

展開（35分）	・子どもを連れてビーチ沿いを歩き，浅瀬でのサンドバンクを説明する ・サンドバンク周辺の海の特徴を説明する。 　①波は，サンドバンクの上でくずれること 　②海の底が"溝"になっているところは波はくずれないこと 　③海の底が"溝"になっているところは深くなっていること ・ウォーミングアップの後，ボードパドリングとボードに乗る位置について練習させる
必要なもの	水着，タオル，ボード，サンドバンクを説明できる写真等

救急処置（1）

導入（10〜15分）	・ゲーム（参照「ゲーム」）を行わせる（天気や準備品および参加者の人数を考慮にいれて行う）
主な指導ポイント： （5〜10分）	「目の中に砂が入ったときの処置」 ・目の中に砂が入ったときの処置の仕方を説明する ・子どもたちの目の中に砂が入ったとき，目をこすってはいけないこと，またむやみに人に向って砂を投げてはいけないことを追加説明する
展開（20〜35分）	1）子どもたちをファーストエイドルームに連れて行き，目の中の異物を洗い流す方法を見せる 2）ウォーミングアップの後，ボードの技術を練習させる。子どもたちに波に乗る技術を練習させる
必要なもの	水着，タオル，ボード

救急処置（2）

導入（10〜15分）	・ゲーム（参照「ゲーム」）を行わせる（天気や準備品および参加者の人数を考慮にいれて行う）
主な指導ポイント： （10〜15分）	「クラゲに刺されたときの救急処置」 ・クラゲに刺されたとき，どのように水で洗い流しながらクラゲの触手（糸のようなもの）をとるか，またどのようにコールドパックをあてるかなどについて話し合わせる ・子どもたちに海にいる危険な生物について注意する ・海にいる危険な生物の写真を見せて，子どもたちがそれらをわかるようにする
展開（20〜30分）	1）クラゲに刺されたときの処置をみせる 2）ウォーミングアップの後，ボードに乗るときの位置や基本的なパドリング（漕ぎ方），またはボードで波に乗る技術のどちらかを練習させる
必要なもの	水着，タオル，救急箱，アイスパック，毛布，ボード

救急処置（3）

導入（10〜15分）	・ゲーム（参照「ゲーム」）を行わせる（天気や準備品および参加者の人数を考慮にいれて行う）
主な指導ポイント： （10分）	「傷による出血の処置」 ・傷による出血の処置を説明し，実際に見せる ・出血の際，直ちに行える処置を教える―「圧迫」「挙上」。実際に「傷の消毒」「止血法」「傷の部位の挙上」を行って見せる

6　ライフセービングと教育

・「鼻血」―すべての子どもに鼻血がでたときの姿勢を行わせ，なぜその姿勢をとるのか説明する

展開（20〜30分）　1）可能であれば，子どもたちに「傷への圧迫（真似）」や「手足の挙上」を交代で行わせてみる
　　　　　　　　2）「ライフセービング技術」のどれかを選んで技術を練習させる。（参照「ライフセービング技術」）

必要なもの　　　救急箱，バンテージ，人工的に傷をまねてかくための道具，水着，タオル，ボード

救急処置（4）

導入（10〜15分）　・ゲーム（参照「ゲーム」）を行わせる（天気や準備品および参加者の人数を考慮にいれて行う）

主な指導ポイント：**「蘇生法の導入」**
　（10〜15分）　・蘇生法の基本的な原理を「話し」，「デモ」および「絵」などで説明する
　　　　　　　・以下の点について説明し，正しい手順を実際に行って見せ，そしてバディごとにそれぞれのステップを練習させる
　　　　　　　　周りの危険の確認
　　　　　　　　意識の確認
　　　　　　　　気道の確保など
　　　　　　　　協力者の要請（ライフセーバー）

展開（25〜35分）　1）子どもたちに，蘇生法練習用人形への気道確保と人工呼吸を見せる
　　　　　　　　2）ウォーミングアップの後，ライフセービングのビーチ種目の練習をさせる

必要なもの　　　蘇生法練習用人形，消毒用のアルコール，脱脂綿，水着，タオル

②ステージ1（7〜9歳用）・ライフセービング技術

ビーチランニング

導入（15分）　　・適当なウォーミングアップを行わせ，身体の準備を行わせる

主な指導ポイント：「ビーチ（砂）の上で走ることに慣れさせる」
　（15分）　・子どもたちに腕を振って，ももをあげて走るということを練習させる

展開（30分）　1）ひざをあげ，ももあげをしながら砂の上を歩かせる（25〜40m）
　　　　　　2）1）の動作のとき，腕を肩から振らせ肘を曲げさせる
　　　　　　3）50%くらいの速さで走らせ，ももを地面から水平になるくらいまであげさせる（25〜40m）
　　　　　　4）50%くらいの速さで走らせ，腕を振るとき肘の角度を変えないようにさせる（25〜40m）
　　　　　　5）リレーチームをつくり25〜40mをビーチリレー（行き違い方式）の要領で競争させる（ただしバトンを使う変わりに，次のランナーへタッチさせる）
　　　　　　6）ウォーミングダウンを行わせる

必要なもの　　　ビーチに置くマーカー（目印），ランニングに適した服

砂の上でのスプリント

導入（15分）　　・子どもたちにジョギングおよびストレッチングを行わせる
　　　　　　　・ビーチでサッカーを行わせる

主な指導ポイント：「砂の上でスプリントに慣れさせる」
（15分）
・子どもたちに，ももを地面から水平になる位まで膝をあげて走らせる（これによりストライドが広くなる）
・子どもたちに，腕を肩から振らせ肘を90°位曲げて走るようにさせる
・腕の振りは，手が目の高さ（前振り）から腰の高さ（後ろ振り）になるくらいまでを目安にさせる
・体の角度はやや前傾させ，頭の位置を一定させてリラックスさせる

展開（30分）
1）ももあげをしながら砂の上を歩かせる（25〜40m）
2）1）と同様に行い，さらにやや体を前傾させる
3）2）と同様に行い，腕を肩から振らせ肘を90°位曲げさせる
4）実際に走りながら上記の技術を練習させる
5）ビーチリレー（行き違い方式）を行い競争させる（必要があればハンディをつける）
6）ウォーミングダウンを行わせる

必要なもの　ビーチに置く目印，ボール

スタンディングスタート

導入（15分）・ストレッチングの後，ゲームを行わせる（参照「ゲーム」）
主な指導ポイント：「スタンディングスタート」
（15分）
・子どもたちに，よいスタートのためには，体の重心が前に移動しなければならないことを学ばせる
・体を前傾して構え，前足は砂を掘ってつまさきをかけさせる
・スタートのとき，腕の振りを強く，速くすることが加速をよくすることを学ばせる
・一方の腕は前，他方は後ろにしてスタートの合図を待たせる

展開（15〜30分）
1）前方を向き両足をそろえ，両腕は脇につけた姿勢から2〜3歩スタートさせ体の動きを覚えさせる。そして次に
　a）片足を前に，他の足を後ろにし，体を前に傾けさせてから走る
　b）スタートの合図とともに腕をすばやく振り10m走る
2）子どもにわざと腕を振らないで走らせて，いかにそれが難しいかを学ばせるという方法もある
3）スタートダッシュ10m，20m，30mのそれぞれの距離で2〜3本ずつ行わせる
4）リレーを行わせる
5）ウォーミングダウンを行わせる

必要なもの　ビーチに置く目印，笛

ビーチフラッグス

導入（15分）・ゲームを行いながらウォーミングアップを行わせる（参照「ゲーム」）
主な指導ポイント：「ビーチフラッグス」
（15分）
・ビーチフラッグスを行うために，どのように地面の上にうつ伏せになるか，またどのように起き上がって20m先のチューブへ走るのかを説明する（スタートで重要なことは，腕で押し上げ，足をひくということ）

展開（15〜30分）
1）走る方向に頭を向けうつ伏せになり，笛の合図で起き上がって走らせる（3〜5本）
2）1）と同様に行い，笛の合図とともに腕で地面を押し上げることを学ばせる

6　ライフセービングと教育

　　　　　　　3）2）と同様に行い，笛の合図とともに膝を胸の方に強くひきつけることを学ばせる
　　　　　　　4）走る方向と反対に頭を向けうつ伏せになり，起き上がって180°回転し走らせる（3〜5本）
　　　　　　　5）ゲームを行わせる（参照「ゲーム」）
必要なもの　　　ビーチフラッグスのためのチューブ，笛

ビーチリレー

導入（15分）　　・ゲームを行いながらウォーミングアップを行わせる（参照「ゲーム」）
主な指導ポイント：「ビーチリレーに慣れさせること」
　　（15分）　　・子どもたちに，どうやってバトンを渡すのかを学ばせる
　　　　　　　・バトンチェンジは，行き違い方式で行われる。バトンを持った人は，10〜15m前から片手の腕を伸ばしてバトンをかかげる。その時，バトンの下の方を持つ。バトンをもらう人は，相手が走ってくる前に準備し，両手でバトンをとる
展開（30分）　　1）バトンを受ける時の両手の作り方を説明する
　　　　　　　2）2人組みで5m離れ，バトンの受け渡しを練習させる
　　　　　　　3）ビーチスプリントのルールを説明する（バトンを落としたらその走者が待っていたラインまで戻ること）
　　　　　　　4）いろいろな速さでレースを行わせる（ゆっくりから最大限まで）
　　　　　　　5）ウォーミングダウンを行わせる
必要なもの　　　リレーのバトン，ビーチに置く目印，笛

ウエーディング（膝〜もも位の深さの水の中を走ること）

導入（15分）　　・適切なウォーミングアップを行わせる
主な指導ポイント：「ウエーディングに慣れさせること」
　　（15分）　　・砂の上を，膝を高くあげ，腕を振って歩かせる
　　　　　　　・ウエーディングで速く進むために，腕を横に広げてバランスをとりながら振り，足とかかとを水から抜くときに膝を高くあげる（ハードルの抜き足のように水から膝を抜く）ことを学ばせる
展開（30分）　　1）肘が目の高さ位のところで腕を振り，膝を高くあげながら砂の上を歩く（25m×2〜3本）
　　　　　　　2）1）と同様に行い，足をハードルの抜き足のようにする
　　　　　　　3）まず水（膝位の深さ）の中で足をまっすぐに伸ばして歩かせてみる
　　　　　　　4）足を横から高くあげて水の中を歩かせる（25〜40m×3〜5本）
　　　　　　　5）足を横から高くあげて水の中を走らせてみる（25〜40m×3〜5本）
　　　　　　　6）ウォーミングダウンを行わせる
必要なもの　　　水着，タオル

イルカジャンプ

導入（15分）　　・ゲームを行いながらウォーミングアップを行わせる（参照「ゲーム」）
　　　　　　　・ウエーディングを復習する
主な指導ポイント：「ドルフィンスルーの導入としてイルカジャンプに慣れさせる」
　　（15分）　　・イルカジャンプ（ドルフィンスルー）の技術は，子どもたちに楽に波を切り抜ける

ことを教える。そのことは，子どもたちが波の状況の中でも，腰位の深さで波に対する勢いを保つことができるようになる。ウエーディングを続けることが難しくなる深さになったらすぐにイルカジャンプ（ドルフィンスルー）を始めさせる。（膝の深さ―ウエーディング，腰の深さ―イルカジャンプ（ドルフィンスルー），胸の深さ―スイミング）

・腰くらいの深さで海底にむけてイルカのように飛び込み／ジャンプさせ，海底の砂をつかんで足をひきつけ海底を蹴り，再び水面にあがるということを学ばせる

展開（30分）
1）浅いところで寝そべりながら，頭を水の中につけたり，上げさせたりさせる（3～5回繰り返す）
2）腰の深さ位のところを歩かせながら，かがみ込みとジャンプを繰り返させる
　かがみ込んだときは，頭が水にぬれるようにさせる（3～5回繰り返す）
3）2人組みにさせ，浅瀬で"手押し車"をさせ，小さいくずれ波がきたときに合わせてその波の下をくぐらせる
4）足首から膝位の深さのところで，相手の股の下をくぐらせる
5）ゲームなどを行わせ，楽しませる
6）適切なウォーミングダウンを行わせる

必要なもの　水着，タオル，ボール

（注意：SLSA のガイドブックでは，「Dolphining & Porpoising」という項目になっているが，子どもたちに理解しやすい言葉を用いるために筆者の訳として「イルカジャンプ」とした）

波の下へのダイビング

導入（15分）　・ゲームを行いながらウォーミングアップを行わせる（参照「ゲーム」）

主な指導ポイント：「波の下へのダイビングに慣れさせる」
　　（15分）
・なぜ波の下にダイビングするかを教え，その技術を説明する
・波の下へダイビングすることにより，波による水流から避けることができ，また波の力によって岸に戻されることを防ぐことができる
・海底に向かってダイビングし，波の勢いによってその位置から戻されないように手で海底の砂をつかむようにさせる
・波が過ぎた後，海底に対して45°の角度に海底を蹴ってジャンプさせる

展開（30分）
1）波が来るタイミングに合わせて立たせたり，ジャンプさせたりする（1～2回）
2）波に向ってダイビングさせる（1～2回）
3）波の下に向ってダイビングさせる（3～5回）
4）波の下から海底に向ってダイビングさせる（3～5回）
5）波の下から海底に向ってダイビングさせ，それを反復させる（3～5回）
6）簡単なゲーム（参照「ゲーム」）と，ウォーミングダウンを行わせる

必要なもの　水着，タオル

崩れ波に乗る

導入（15分）　・ゲーム（参照「ゲーム」）などを用いてウォーミングアップを行う
・波の下にダイビングする技術を復習させる

主な指導ポイント：「崩れ波に乗ることに慣れさせる」
　　（15分）
・子どもたちに，どうやって崩れた波にのることができるかを指導する。この技術は子どもたちに，楽しみながら波に乗って流されることを経験させ，遊泳中何か問題があるときに岸近くに戻れるようにさせる

6　ライフセービングと教育

　　　　　　　　　　・体をまっすぐにし両手を前にのばして頭を下げさせる
　　　　　　　　　　・くずれ波がお尻のあたりまで来たときに前に向って両足で海底を蹴る
展開（30分）　　1）膝をついた姿勢からくずれ波がくるのに合わせて前方へジャンプさせ，波に乗る
　　　　　　　　　　感覚をつかませる（膝から腰位の深さで30〜60cm位の波）
　　　　　　　　2）波とともに海底を蹴り，両腕を前に伸ばして進む（3〜5回）
　　　　　　　　3）波とともに海底を蹴り，両腕を前に伸ばして頭を下げさせて進む（3〜5回）
　　　　　　　　4）3）と同様，ただし頭を上げさせて行い，頭を下げた時との違いを比べさせる
　　　　　　　　5）くずれ波がお尻のあたりまで来たときに合わせて前に進ませるようにする
　　　　　　　　6）ゲーム（参照「ゲーム」）を行わせる。子どもたちが望めば，波にいろいろな姿
　　　　　　　　　　勢で乗らせてみる
　　　　　　　　7）クーリングダウンを行わせる
必要なもの　　　水着，タオル，その他

ボード

導入（15分）　　・ゲーム（参照「ゲーム」）を行わせ，ウォーミングアップを行わせる
主な指導ポイント：「**子ども用のボードを使ってボード上でのバランス感覚をつかませる**」
　　（15分）　　・ボードに乗るポジションは，いろいろな状況によって変ってくる。波のない状況で
　　　　　　　　　ボードをパドル（漕ぐ）している時には体重はボードのほぼ中央にかけられる。ま
　　　　　　　　　た，岸に向って波に乗ろうとしているときには体重はボードの前にかけられ，波に
　　　　　　　　　乗った後はボードの後ろにかけられる
展開（30分）　　1）砂の上でボードに乗らせ，体重がボードに均等にかかるようにさせる
　　　　　　　　2）胸の位置がストラップの後ろ位になるようにさせ，下腹がボードの中央位に位置
　　　　　　　　　するようにさせる
　　　　　　　　3）1）2）の状態で，パドリングさせてどのように体重移動が行われるかを説明す
　　　　　　　　　る。ボードに乗る位置が前過ぎたり後ろ過ぎる場合はどのようになるのかについて
　　　　　　　　　説明する
　　　　　　　　4）1）2）3）を波のない浅瀬で繰り返して行わせ，バランスやボードに乗る位置
　　　　　　　　　について指導する
　　　　　　　　5）ゲームなどを行わせ，楽しませる
　　　　　　　　6）ウォーミングダウンを行わせる
必要なもの　　　水着，タオル，子ども用のボード（ニッパーボード）

パドリング

導入（5〜10分）・ゲーム（参照「ゲーム」）などを用いてウォーミングアップを行う
　　　　　　　　・ボードに乗る位置について復習させる
主な指導ポイント：「**ストロークパドリング**」
　　（5〜10分）・ボードを進ませるために，前方へ良く伸ばした腕をボードの横から水中で引かせる
　　　　　　　　　子どもの場合は，ボードの上で水泳のクロールのように片腕ずつパドルさせる
　　　　　　　　・手のひらの入水は水面をたたかないようにさせ水中に深く腕を入れさせる。パドリ
　　　　　　　　　ングは，水中深いところで腕を引かせ水から出す前に腰のあたりまでプッシュさせ
　　　　　　　　　る
展開（20—30分）1）砂の上でボードに腹ばいで乗らせ，パドリングさせてみる（30秒）
　　　　　　　　2）波のない浅瀬でボードに乗らせ，パドリングさせる（5〜10分）
　　　　　　　　3）いろいろなスピードでパドリングさせる

113

　　　　　　　　　　4）すべての子どもにパドリングの練習ができるように短い距離でパドリングリレーを行わせてみる
　　　　　　　　　　5）ゲームなどを行い楽しませ，その後クーリングダウンを行わせる
必要なもの　　　　水着，タオル，子ども用のボード（ニッパーボード）

ボードで崩れ波に乗る

導入（10～15分）・水中で行えるゲーム（参照「ゲーム」）などを用いてウォーミングアップを行う
主な指導ポイント：「ボードに腹ばいになってくずれ波に乗ることに慣れさせる」
　　　（5～10分）・波のある状況でボードを操作することは小さな子どもにとっては難しいかもしれない
　　　　　　　　・波をつかまえる時，乗った時のそれぞれの場面で体重移動を理解させる
　　　　　　　　　波をつかまえる時：通常の位置で強くパドリングさせる
　　　　　　　　　波に乗った時：体重（体）をボードの後ろに移動させる，ボードの先を水面からあげさせる
展開（20―30分）1）波が崩れてくる場所でボードに腹ばいに乗らせ，波をつかまえるためにどこで強くパドリングしたらよいのかを教える（2～3回）
　　　　　　　　2）小さい波，中くらいの波などいろいろな波をつかまえることに慣れさせる
　　　　　　　　3）誰が一番岸に向って長く乗っていられるか競争させる
　　　　　　　　4）リレーを行わせる（一人ずつ岸に向ってくずれ波に乗らせ岸についたら合図を送り，それを順番に続けさせる）
　　　　　　　　5）ゲームなどを行い楽しませ，その後クーリングダウンを行わせる

③ ゲーム

ネームゲーム

ゲームを行う場所：室内または屋外
必要なもの　　　：ボール1～2個
ゲームの隊形　　：円
ゲーム説明　　　：参加者全員で円をつくる。始めに誰かがボールをトスし，そのボールを受け取った人は自分の名前を皆に教える。そして順番にボールがトスされ，全員の名前が紹介されるまで行う。次に，あらかじめトスする人の名前を言ってからボールをその名前の人にトスするようにさせる。ボールを受け取った人は「ありがとう○○さん」とボールをトスした人の名前を言ってから，次へトスする人の名前を言い次のトスをし繰り返し行う。ボールを一つから2つに増やすことによって，集中力を高めて行うことができる。
指導上のヒント　：混乱しないように名前をはっきり言わせる固いボールではなく，柔らかいボールを使うようにする
ゲームを行う利点：短時間で多くの人の名前を覚えることが可能導入のゲームとして適している集中力を高められる

パートナーレスキュー

ゲームを行う場所：砂浜から腰位の深さの浅瀬
必要なもの　　　：ゲームを行う場所を区切るための目印，ブイ

6　ライフセービングと教育

ゲームの隊形	：なし
ゲーム説明	：子どもたちは2人1組に分けられる。一人は溺れた人の役，別の一人は救助する人の役となる。救助役は，スタートの合図とともにボトルとビート板を持って海の中の溺れ役のところに向かう。救助役の子どもは，溺れ役に近づき，落ち着かせ，溺れ役の人に抱き着かれないような位置にいるようにさせる。そして，救助役は，溺れ役にボトルを渡し岸まで引っ張ってくる真似をする。（いかなる時でもお互いに触れさせないで引っ張る真似をさせる）それぞれの役を交代して繰り返し行う
指導上のヒント	：救助者自身の身を守るために，相手に触れないで引っ張ってくることを強調する
ゲームを行う利点	：この2人組の練習によって「救助の導入」「自己防衛」「溺れた人に触れないで引いてくること」を学べる

メモリーゲーム

ゲームを行う場所	：室内またはビーチ
必要なもの	：それぞれの参加者（子ども）—メモ，ペンパトロールキャップ，レスキューチューブ，救急箱，笛，シグナルフラッグ他
ゲームの隊形	：なし
ゲーム説明	：指導者は，サーフライフセービングで使われる救助器具等を30秒〜1分の間，子どもたちに見せる。（対象とする年齢によって救助器具の種類や数を変える）次にそれらの救助器具の中からいくつかをあらかじめ取り除いた後に再度見せ，「記憶力のテスト」として取り除かれた物を当てる。
指導上のヒント	：それぞれの救助器具がどのように使われ，サーフライフセービングにとってどう重要なのかを説明しながら行う
ゲームを行う利点	：集中力を高めるパトロールに使われる器具を教えるためのおもしろい方法

チェーンタグ（鬼ごっこ）

ゲームを行う場所	：かたい砂または柔らかい砂の上
必要なもの	：目印（4つ）
ゲームの隊形	：なし
ゲーム説明	：鬼ごっこをして捕まったら，鬼に加わりチェーン（鎖のように手をつなぎあう）をつくる。鬼のグループは，協力して次の人を捕まえる。チェーン（鎖）は，ゲーム中放してはいけない。
指導上のヒント：	：ゲームを行う場所をあらかじめ制限しておく（20m×20m）

綱引き

ゲームを行う場所	：ビーチ
必要なもの	：ロープ（強く長いもの），目印2個，笛
ゲームの隊形	：2つの目印の中間にラインを引く。そのラインを中心に両側に向き合う形で縦列をつくる
ゲーム説明	：始めの笛の合図でロープをとりしっかりと握る。次の笛の合図でお互いにロープを引き合う。どちらかのチームの一人が中央のラインまで引かれたら，その人は相手チームの一番後ろにつかなくてはならない。どちらかのチームのすべての人がラインまで引かれたら負け
指導上のヒント	：チーム分けする時は，子どもたちに1，2の番号をかけさせれば，番号1と番号2

の2つのチームに分けられる。2チームがだいたい同じくらいの力となるようにする

水中障害物鬼ごっこ

ゲームを行う場所	：海の浅瀬で，4人の指導者が目印となって区切られた範囲
必要なもの	：フロート（浮力体）4つ，またはブイ
ゲームの隊形	：ゲームエリアに散らばった形
ゲーム説明	：最初は，一人の子どもが鬼になり鬼ごっこをする。ゲームエリア内にはフロートが浮いていてそれらのフロートは鬼から逃れられる安全地帯とする。
指導上のヒント	：指導者は目印となり（2人は膝位の深さ，2人はわきの下位の深さ），長方形か正方形をつくる。一人の鬼を決める。子どもたちが長い間安全地帯にいないように，安全地帯に留まることができる制限時間を決める。鬼が一人以上になることもある

フェッチ・ザ・ボール

ゲームを行う場所	：海の浅瀬
必要なもの	：ボール（参加者と同じくらいの数），ボールを入れるバケツ
ゲームの隊形	：なし
ゲーム説明	：子どもたちに砂浜（陸側）を向かせてビーチフラッグスのスタートの形で腹ばいに寝させる。子どもたちには振り向いて後ろを見ないよう指示する。指導者は，ビーチフラッグスの要領でスタートの合図をかけ，子どもたちは180°方向を変えウェーディングやスイミングで海の中へ進み，あらかじめ置かれたボールをとって再び岸に戻ってくる
指導上のヒント	：もしある子どもが他の子どもよりも明らかに遅いようであったり，逆に速いようであれば，その子どものボールの位置をスピードに合わせて変える

ウォーターブリッジ（10～13歳用）

ゲームを行う場所	：海の浅瀬
必要なもの	：目印4個
ゲームの隊形	：お互いに向き合った2列
ゲーム説明	：このゲームは，すべての子どもが協力して橋をつくり，一人ずつ手助けや水中に落ちることなしにフィニッシュラインまで到達することを競う。これは橋さえ作れればいろいろな隊形で行える。たとえば，お互いに向き合った2列で橋を作る。一番はじの子どもが橋に上り，橋の終わりまで渡りきる。
指導上のヒント	：小さくて軽い子どもを選んで橋を渡らせるゲームバリエーション：橋を渡って反対側についた後，その子どもは降りて橋の一部となり橋を伸ばしていく。はじにいる子どもから一人ずつ順番に繰り返し，すべての子どもが橋を渡りきるまで行う。2チームあれば競争させながら行うこともできるが，指導者が近くについていることが必要である

背中合わせフラッグレース

ゲームを行う場所	：室内（広い部屋）
必要なもの	：目印4つ，バトン（2人組に一つ）
ゲーム説明	：同じくらいの身長で2人組をつくり，お互いに背中合わせになって腕を組みスター

6　ライフセービングと教育

トラインに並ぶ。その状態のまま始めはスタートラインに座り，笛の合図で2人協力して立ち上がり横に進んでフラッグバトンを取りに行く。フラッグバトンを取ったらスタートラインまで戻ってくる。

指導上のヒント　：途中で2人組の腕が離れてしまったら，スタートラインからやり直しさせる
　　　　　　　　　けがのないように指導者が近くにいるようにする
　　　　　　　　　2人組をつくる時に，一人だけ余りがでないようにする。もし必要であれば，指導者が子どもと組むようにする

人間いすゲーム

ゲームを行う場所：屋根のある広い場所
必要なもの　　　：なし
ゲーム説明　　　：10人位で小さい円をつくり，お互いにくっついて同じ方向を向いて立つようにする。指導者の「座れ」の合図で全員がゆっくり後ろの人の膝の上に座るようにする。座った時に全員の息を合わせ人間いすの円が崩れないようにする。大きな円の内側に小さな円をつくって再度行う
指導上のヒント　：全員で協力するよう励ます

ライフセービング・ジェスチャーゲーム

ゲームを行う場所：室内または屋根のある場所
必要なもの　　　：なし
ゲーム説明　　　：2～3人のグループごとに円をつくって座る。グループごとにライフセービングに関する活動（何でもよい）をジェスチャーで他のグループに伝え，それを当てさせる（例ボードレスキューなど）。
指導上のヒント　：グループごとに皆の前で何をジェスチャーするのかあらかじめ決めさせておく

バディ ゲーム

ゲームを行う場所：室内
必要なもの　　　：なし
ゲームの隊形　　：二重の円，内側と外側の円は逆方向に回転する
ゲーム説明　　　：2人組（バディ）をつくり，そのうち一人は内側の円，もう一人は外側の円に分れる。指導者の「始め」の合図でそれぞれの円の子どもたちは歩いて前に進む。2回目の合図で外側の円はその場で止まり，内側の円の子どもたちは自分のバディの所へ移動しバディに到達したらお互いに腰をおろす。そして腰をおろすのが一番遅いバディに1点与える。何回か繰り返して行い，最終的に点数が少ないバディの勝ち
指導上のヒント　：2回目の合図とともに外側の円は直ちに止まりその場から動かないようにさせる。内側の円の子どもが自分のバディを探している時に，ぶつからないように注意させる。もし円をつくる人数が少ない時には，内側と外側の円の位置を頻繁にチェンジして皆が同じ位，体を動かせるようにする

ウエーディングレース

ゲームを行う場所：海の浅瀬
必要なもの　　　：目印となるもの（スタート，ゴール），笛

ゲーム説明 ：波打ち際から約5m砂浜側にスタートラインを引く。指導者は，膝から腰位の深さで三角形をつくるようにして目印となる。ゴールラインは，波打ち際から約15m位砂浜側に引かれる。子どもたちは，スタートの合図とともに海に向って進み，膝から腰位の深さで「ウエーディング（足をハードルの抜き足のように水から抜いて走る）」，「イルカとび」または「スイミング」で3つの目印を回ってゴールする。
指導上のヒント ：子どもの体力，技術に合わせて，ハンディをつけたり距離を変えたりして行う

ビーチフラッグス

ゲームを行う場所：柔らかい砂浜
必要なもの ：笛，チューブ数本（長さ30cm，直径2.5cm位で柔らかいもの）
ゲーム説明 ：スタートラインから10～20m先にチューブを等間隔に立てて並べる。チューブの数は，スタートした人の数よりも少なく並べる。スタートラインにつまさきを合わせてうつ伏せになり，両方の手のひらを顎の下で合わせるようにする。指導者の「ヘッドダウン」の合図で顎を手のひらに乗せ，次の笛の合図でスタートし180°回転し方向を変えてどれか一つのチューブを取り合う。チューブが取れた人だけで同様に繰り返して行い，最終的に一人になるまで行う
指導上のヒント ：スタートする時，フライングしないよう注意する
　　　　　　　　　子どもの体力，技術に合わせて，ハンディをつけたり距離を変えたりして行う

7
ライフセービングの知識・技術

7.1. 海の知識

7.1.1. 波のでき方と波の種類

波の発生原因はいくつかあるが、風によって作られる波を「風浪」という。海上で吹く風は、海面にあたり「さざ波」を発生させ、さらに風からエネルギーを受け続け風浪へと発達していく。発達した風浪が風の弱い海面に達したり、風浪が発生した場所の風がおさまると次第にまとまって「うねり」となる（図7-1）。海面を伝わるうねりは、円運動をしながらエネルギーが伝えられていく（図7-2）。またうねりは、一般的に高いうねりと低いうねりとが群れをなして進む傾向があり、このいくつかの高いうねりの群れを「セット」という。

波の大きさは、以下の3つの要因によって決められる。

①風の吹く強さ　②風の吹く時間　③風の吹く距離

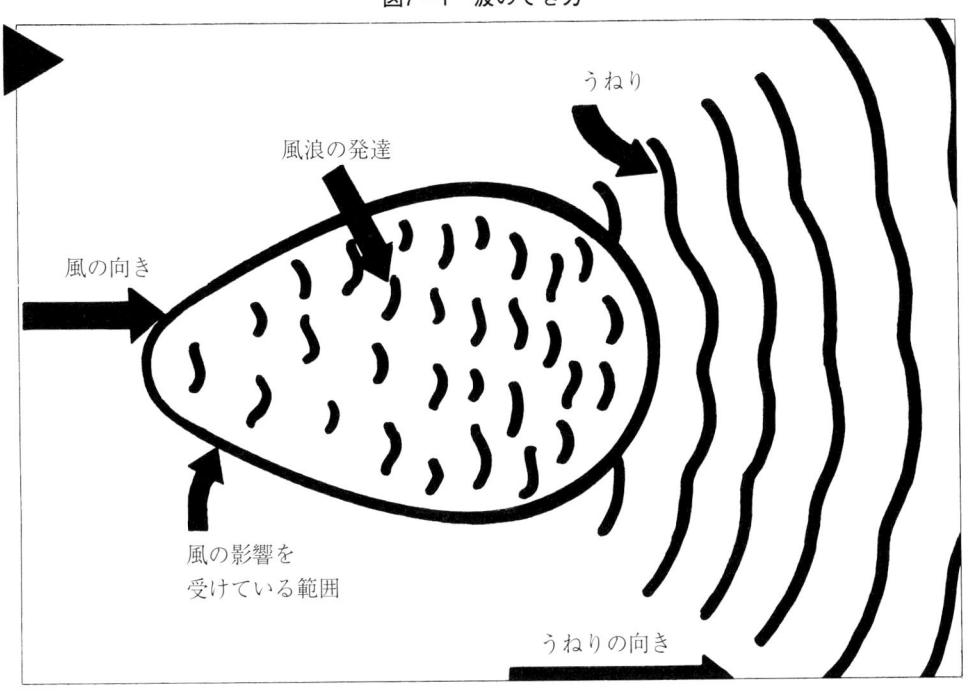

図7-1　波のでき方

図7-2　海面の波の運動

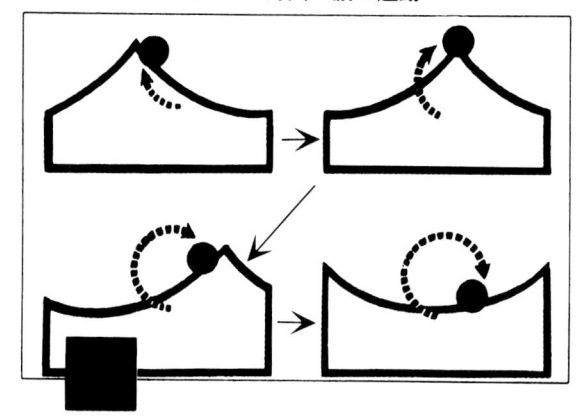

　原則的には，風がより長く，より強く吹けば，風浪ははっきりとしたうねりに発達し，大きな波が作られる。うねりのエネルギーは，非常に遠いところまで伝わることができるが，進んだ距離が長くなるにつれ，またうねりの進行方向と逆方向の風が吹くことによって波高は減少する。うねりが海岸に近づき水深が浅くなるにつれ，波のスピードは下がり，逆に波の高さは増していく。このため，うねりが海岸線に近づくにつれうねりの向きが屈折して次第に海岸線に平行になっていく（図7-3）。徐々に高くなった波高が水深とほぼ等しい所までくると，波はその高さを維持できなくなり崩れはじめ（ブレーク），さまざまな型に崩れながら海岸線に向かって進む（図7-4）。

　波の崩れ方は，海底の状況によって決定され，波の種類は一般的に3つに分けられる（図7-5）。

図7-3　波の屈折

7 ライフセービングの知識・技術

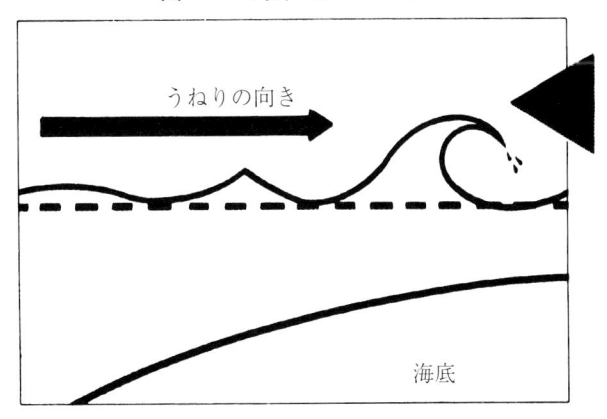

図7-4 海岸に近づくうねり

(1) 巻き波 (Plunging waves)

　この波は，海底が急激に浅くなっている所で起こり，うねりが大きな空洞 (チューブ) を作るように巻き込みながら一瞬にして崩れる。巻き波は，ダンパーとも呼ばれ，非常に強い力をもっているため遊泳者や初心者のボディーサーフィンやサーフィンには危険である。

(2) 崩れ波 (Spilling waves)

　この波は，海底が緩やかに浅くなっている所で起こり，波の頂上が徐々に転がり落ちるようにして崩れてくる。崩れ波は，ボディーサーフィンやサーフィンには最適である。

(3) うねり波 (Surging waves)

　この波は，水深が深い所や岩場などで起こり，崩れることのない波である。うねり波は，遊泳者を深みに運ぶ危険性があるので注意が必要である。

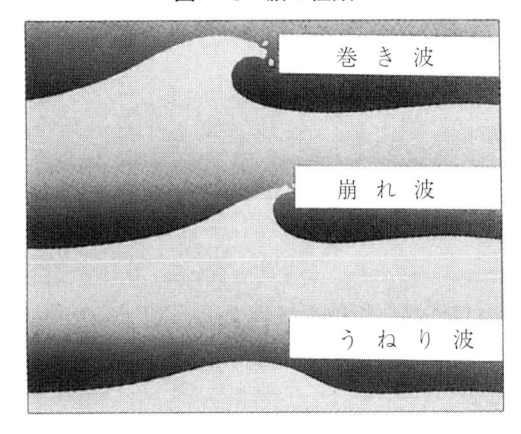

図7-5 波の種類

7.1.2. リップカレント (離岸流) とは

　リップカレントとは，沖へ向う流れのことであり遊泳者にとっては非常に危険な場所である。

砂浜の海岸では，波や水の流れによって波が砕ける付近に砂が堆積し砂洲（サンドバンク）が作られる。波が大きい時などは砂洲を超えて多くの水が浜に打ち寄せ海岸に水の堆積が起こるが，その水は水位の低い部分へと流れていく。その時，浜に沿って平行に進む水の流れをサイドカレントという。また水の流れで砂洲が掘られ浅い溝ができ，そこから沖に向う流れをリップカレントという。波が大きければ大きいほど，リップカレントの流れも強くなるが，海岸から遠ざかるにしたがってその流れはしだいに弱まりリップヘッドで広がって消失する（図7-6）。

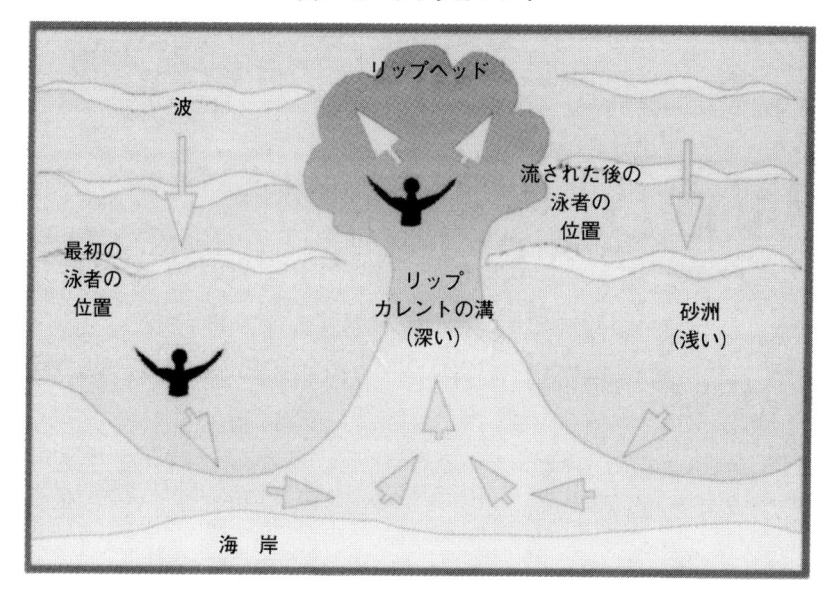

図7-6　リップカレント

リップカレントは，海底や海の状況によって，いつも同じ場所に作られる場合や短時間で移動する場合がある。たとえば，岩や堤防などがあり海底の状態があまり変わらない場合は，何カ月や何年にもわたり同じ場所にあるし，また急に波が大きくなり水の流れが多くなることによって一時的に現れる場合もある。

リップカレントの場所を見分けるためには，以下のような点に注意するとよい。
・海底の砂が巻き上げられて，周囲と水の色が変っている
・波が崩れる位置や海面の様子
・リップカレントの両側で波が崩れている
・ごみなどが沖に向って流れている
・波が穏やかな時に海底の深みが見える

リップカレントの場所を見分けることによって，重点的にその場所を監視することができ，また救助の際にはリップカレントの流れを利用して早く沖にでることができる。

7 ライフセービングの知識・技術

リップカレントに入って流されてしまった場合には，まずパニックになることを避け，落ち着いて自分の泳力に合ったコースを泳いでリップカレントから逃れる。疲れているか，泳ぎに自信がない者は，浜に対して平行に30～40m泳ぎ，リップカレントから逃れてから波が崩れているところから海岸線に対して垂直に泳いで岸に戻る。また泳ぎに自信がある者は，浜に対して45度の角度で泳ぎリップカレントから逃れる（図7-7）。

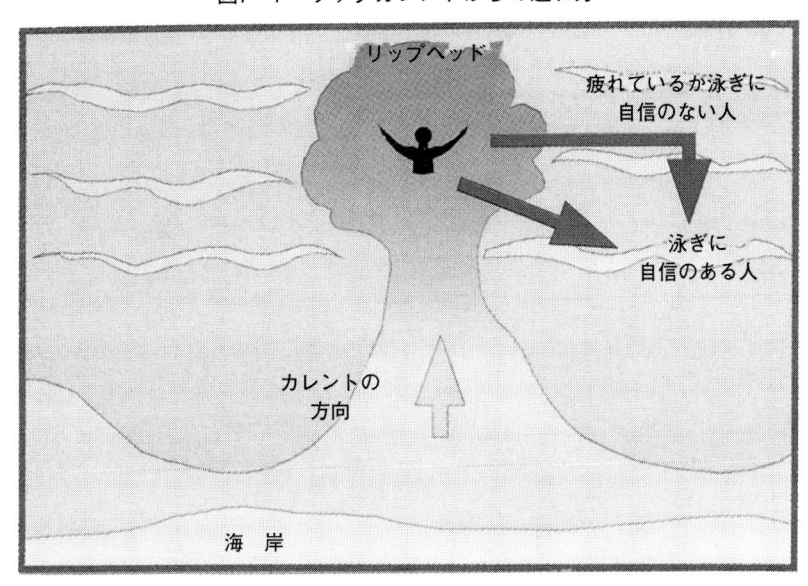

図7-7　リップカレントからの逃れ方

7.1.3. 波に対する技術

海で泳ぐことは，プールと違って波や流れの影響を克服しなければならない。そのためにまず海に入る前に陸上の建物などの位置を確認し，海上からでもその目印を見ながら自分の位置を把握できるようにすることが大切である。さらに以下のような技術を使って波を克服したり，利用したりするとよい。

ウエーディング

ウエーディングは，膝から腰位の深さの所で早く進むための技術として有効である。膝から腰位の深さの所では，腕を大きく振り，ハードルの抜き足のように足とかかとを水面から抜いて進む。ウエーディングは，腰位の深さかあるいは足を抜くことが難しくなる深さまで行う。

ダイビング（ドルフィンスルー）

ダイビング（以下，ドルフィンスルー）は，ウエーディングの後に，打ち寄せてくる波に対して水の抵抗を少なくして波を切り抜けながら進むための技術である。波が崩れてくるタイミング

に合わせて，波の下にダイビングし，両手で海底の砂を掴んで波が通り過ぎるのを待つ。波が通り過ぎたら両腕を引きながら両膝を体の下に引き寄せ水面に向かってジャンプする。波を見ながらこの動作を胸の深さ位の所まで繰り返し，その後に泳ぎ出す。ドルフィンスルーを行う時，海底に対して垂直にダイビングすると海底に頭を打ち頚椎を損傷する危険があるので十分な注意が必要である。また水深が深い所でドルフィンスルーをして波を切り抜ける必要がある時は，無理に海底まで到達しようとはせず，崩れた波の勢いのある水流の下まで潜り波が通り過ぎるのを待つようにする（図7-8）。

図7-8　ドルフィンスルー

ボディーサーフィン

　ボディーサーフィンは，沖から岸に戻る時になにも器具を使わずに波に乗る技術である。崩れ波は，最もボディーサーフィンに適した波であり岸に早く戻るための有効な手段である。また巻き波でボディーサーフィンを行うことは危険を伴うので注意が必要である（図7-9）。

図7-9　ボディーサーフィン

①波が崩れそうな所で待ち，適当な波が自分の数メートル後ろに来た時に海底を蹴り，自分の体が波に乗るまで泳ぐ。
②波が崩れはじめたら体を板のようにまっすぐにし両手をそろえて前に伸ばして顎を引く。波に遅れないように両足で強くバタ足をする。
③波に長く乗っていると次第に波から遅れてくるので，体をまっすぐにしたまま片手クロールのようにして体が波の前になるようにするとよい。

7.2. 救助の技術

7.2.1. レスキューチューブによる救助法

　レスキューチューブは手軽で溺者を浮かせるための十分な浮力があり，レスキューチューブを使って水中で人工呼吸を行うことができる。フィン（足ひれ）と組み合わせて使うとさらに効果的な救助ができる。

意識のある場合

①チューブのストラップ（ひも）を肩にかけ，声をかけながら溺者に近づき安心させる。

②溺者から2m位離れた所で，チューブをたぐり寄せ，チューブを溺者に差し出す（この時チューブの金具が溺者にあたる恐れがあるので，チューブを投げてはならない）。

③溺者を観察し，声をかけ落ち着かせながらチューブのフックをかける。

④溺者が落ち着いたら，波を見ながら溺者を引っ張って岸へ泳いで戻る（溺者に余裕があればキック（ばた足）させるとよい）。

意識のない場合

①声をかけながら溺者に近づき，意識がなかったら溺者の一方の手をとり，その手を引き寄せながら溺者の体にチューブを巻き込む（写真7-1）。

②呼吸の有無を確認し，呼吸がなければ直ちに人工呼吸を行うこともできる（写真7-2）。

③岸にいるライフセーバーに「アシスタント要請」のシグナルを出す。その時の状況によっ

写真7-1

写真7-2

写真7-3

てアシスタントが来るまで人工呼吸を続けるか，人工呼吸を中断して岸に戻るかを判断する（写真7-3）。

7.2.2. レスキューボードによる救助法

レスキューボードはレスキューチューブに比べ救助をよりスピーディーにし，必要があればボード上で人工呼吸ができる。また一度に多数の溺者がいる場合でも，ボードに捕まらせて多くの人の浮力を確保することができる。ただし，波のある状況でもボードを安全に操作するた

めの技術の熟練が必要である。

　ボードパドリングには，ストロークパドル（腹ばいになってパドリングする）とニーリングパドル（膝立ちになってパドリングする）があり，海の状況や熟練度によって使い分けることができる。

　溺者を救助する時，波の力でボードが流されて溺者に衝突することを防ぐために，必ずボードの位置は溺者よりも岸側にする。

意識のある場合

①溺者に近づきながら声をかけ安心させ，ボードのストラップ（グリップ用のひも）につかまらせる。

②溺者を補助しながらボードのバランスが良い位置に乗せる。

③ボードの先端を岸に向け，波を見ながらパドリングして岸に戻る（溺者に余裕があればパドリングさせるとよい）（写真7-4）。

写真7-4

意識のない場合

①溺者に近づきながら様子を観察する。

②呼吸の有無を確認し，呼吸がなければ直ちに人工呼吸を行うこともできる。

③溺者の一方の手首を確保し，救助者の手とともにボードに置く。救助者はボードをはさんで溺者の反対側に位置する（写真7-5）。

④溺者の手がずれないようにつかみながらボードを反転させる（写真7-6）。

⑤溺者の手とボードを持ってもう一度反転させる。

⑥ボードにまたがって溺者の位置を調整する。

7　ライフセービングの知識・技術

⑦波を見ながら浜までパドリングして戻る。
⑧ボードが波打ち際に近づいたら，ボードから降りて溺者の足首を確保したまま浜まで押す。
⑨浜についたら脇の下から腕を入れて溺者を確保し，波が打ち寄せない所まで溺者を運ぶ。

写真7-5

写真7-6

あとがき

　21世紀のパラダイムの一つは，グローバル化であろう。前刊では20世紀の総括としての国家，民族，戦争，植民地化にかかる宗教，教育の課題を我々に突き付けたとした。
　まさに最近まで揺るぎないものとして考えられてきた事柄が大きく変貌したのである。
　大道無門というが今世紀のグローバル化はすべての人が潤うことを指標とするならば，後進国を含む諸国のそれぞれの当面の目標に先進国が教導せねばなるまい。
　それは今のところ，国連であり，アメリカかも知れない。しかし，グローバル化は中国化やアメリカ化ではない。
　ライフセービングのコンセプトからいえば，たとえば，バングラディシュのムハマド・イヌス氏のグラミン銀行（無担保，マイクロクレジット）設立，西チベットのカイラス・トリン寺（ゲゲ王国第一の寺），（五体投地，両膝，両肘，頭を地につけて頂礼する），南米アルゼンチンIMFコンサルティング（世界経済フォーラムにおける貧困，飢餓状況，背のび経済，ワシントン・コンセンサス虚構の姿）など，人の傷みに対する目線の同一性からスタートせねばグローバル化はナンセンスである。
　鯛は頭から腐るというが，ナショナル・コンペティションには限界がある。多文化共生社会に目覚め，そのプラス面は何かを探らねばならない。
　まず隗より始めよというからには，少なくとも東北アジアの民族交渉史をベースに思料し新しい世紀の指標を把握せねばなるまい。
　それは過去の歴史認識と現実の身ほとりにある地域社会での問題（性差，差別，権力，暴力，犯罪，汚職）とを結ぶ生活線上に表出されている筈であるからだ。まさに Auguste Conte（1798～1857）の「予見せんがために観察する」（Voir pour pre Voir）という著名な言葉をまつまでもないが，今日の国際社会における諸国家の生活現象は科学技術の進歩にかかわらず，公害，医療，教育，住宅環境，戦争など避けられるべき不幸をあえていだく無知。もちろん，人間には避けられぬ宿命的な不幸もあろう。しかし，無知ほど，偏狭な集団利己心を生むものはない。全体社会への無知がグローバル化を偏狭なものにする。
　先年，フランス，ドイツ，中国，蒙古，満州の戦跡をまわったが，小さな村でも戦死者を悼む碑がある。「君の身代わりに命を捨てた」という尊い犠牲の証である。
　ユーラシア大陸の西にユーロ圏が誕生し21世紀への貢献が嘱目されつつあるが，大陸東北部での旧満州，ロシア，朝鮮，蒙古を地域圏とする旧渤海（713～927）旧高麗（918～1392）を含む民族圏が生まれてもよい。これには文化圏としての日本，中国の関与はかかせまい。

したがって，それは諸民族が生きのこるための民生，民主への教育方法であろう。

イスラエル，パレスチナ問題，南北朝鮮の分立，南北中国の対立，東西チモールなど新しい民族間の融合が求められている。ライフセービングの各民族諸家族の目線は同一である「焼頭爛額上客と為る」のではおそいのである。なお，末筆ながら学文社ご一同のご懇情，ご配慮に深謝して筆を擱くものである。

2002年10月

千原　英之進

引用・参考文献

小峯力「21世紀におけるライフセービングの展望」『臨床スポーツ医学』Vol.16,873-878 1999年
藤井正弘「第42回全国小学校体育科教育研究集会」福山大会発表 1998年
藤井正弘『小学校体育実践研究』第2号 1998年
『LIFE SAVER』日本実業出版 1997年
山本利春,小峯力,深山元良「心肺蘇生法の技能に及ぼす運動負荷の影響」『体力科学』43(6):747, 1994.
小峯力「日本ライフセービング協会のこれからの展望」『体育科教育』50—8 (6) 2002年
鍛治有登「救急医からみたライフセービング活動」『臨床スポーツ医学』Vol.16,887-891 1999年
荒井宏和,小峯力,稲垣裕美:「水難救助活動の実践と学校における水辺安全教育の必要性」『大学体育研究』23, 2001
小峯力「生命尊重を普遍とするレスキュースポーツ」『体育の科学』50—7 2000年
大和真「教育現場からみたライフセービング—日本体育大学ライフセービング部の活動」『臨床スポーツ医学』Vol.16,893-902 1999年
遠藤大哉「日本におけるジュニア・ライフセービングプログラムの教育に関する一考察」『日本体育大学紀要』28 1999年
大西鉄之祐『闘争の倫理』中央公論新社 1999年
海上保安庁『2001,2002海上保安レポート』2001,2002年
海上保安庁『平成10〜12年版海上保安白書』1998〜2000年
国木孝治「競技スポーツとしてのライフセービング」『臨床スポーツ医学』Vol.16,—8 1999年
警察庁『平成9〜13年版警察白書』1997〜2001年
厚生統計協会『国民衛生の動向』2001年
自由時間デザイン協会『レジャー白書』2002年
玉木正之『スポーツとは何か』講談社 1999年
千原英之進・小峯直総・深山元良『ライフセービングと社会福祉』学文社 1997年
東理夫『デューク・カハナモク 幻の世界記録を泳いだ男』メディアファクトリー 1993年
深山元良「オーストラリアにおけるサーフライフセービング」『体育の科学』46(9) 1996年
W. フレイリー／近藤良享他訳『スポーツモラル』不昧堂出版 1990年
Australian Sports Commission, *Annual Report*, 1999-2000.
Australian Sports Commission, *Beginning Coaching: Level1 Manual*, 2000.
Australian Coaching Council, *Better Coaching: Advanced Coaching Manual*, 1991.
Booth, D., Swimming surfing and surf-lifesaving, In Vamplew, W., & Stoddart, B. (Eds.), *Sport in Australia: A social history*, pp.231-254, Melbourne: Cambridge University Press, 1994.
Booth, D., War off water: The Australian surf life saving association and the beach, *Sporting Traditions*, 17 (2), pp. 135-161. 1991.
Downes, J., *Royal Life: A History of the Royal Life Saving Society - Australia*, Sydney: The Griffin Press. 1994.
Galton, B., *Gladiators of the Surf*, French Forest: AH & AW Reed Pty. Ltd. 1984.
Galton, B., *Gold, Silver, Bronze Australian Surf Life Saving Championships Official Record*, A Surf Life Saving Queensland Publication, 1993.
Harris, R.S., *Heroes of the Surf: Fifty Years History of Manly Life Saving Club*, Manly Life Saving Club, 1961.

Jaggard, E.D., Australian surf life-saving and the 'forgotten members', *Australian Historical Studies*, 112, pp23-43, 1999.

Jaggard, E.K.G., Saviours and sportsmen: Surf life saving in Western Australia 1909-1930, *Sporting Traditions*, 2 (2), pp.2-22, 1986.

Miyama, M., *The Royal Life Saving Society - Australia and the Surf Life Saving Australia Limited: Their histories and management*, University of New South Wales Masters thesis, 1995.

Pearsall, R., *Lifesaving: The Story of the Royal Life Saving Society: the First 100 Years*, David & Charles, 1991.

Pearson, K., *Surfing Subcultures of Australia and New Zealand*, Brisbane: Press Etching Pty. Ltd., 1979.

Pearson, K., The nature of sport in urban Australia. In Mercer, D. & Hamilton-Smith, E. (Eds.) *Recreation planning and social change in urban Australia*, pp.38-45. Malvern : Sorrett Publishing Pty. Ltd., 1980.

Peters, D., Training patterns in Surf Life Saving, *Sports Coach*, 16 (1): 3-6, Jan-Mar, 1993.

Peters, D. & White, M., *The Name of the Game is ... Surf Life Saving*, Rushcutter's Bay: Fairfax Sporting Publications Pty. Ltd., 1993.

Relph, A.W., Life-saving methods, *The Sydney Morning Herald*, 26,September,1908.

Robert Longhurst, *The Life Saver, Images of Summer*, Playright Publishing Pty. Ltd., 2000.

Royal Life Saving Society - Australia, *Lifeguarding*, Artarmon: Times Mirror International Publishers Pty. Ltd., 1995.

Royal Life Saving Society - Australia, *Royal Life*, Griffin Press, 1994.

Royal Life Saving Society - Australia, *Swimming & Lifesaving*, Artarmon: Times Mirror International Publishers Pty. Ltd., 1995.

Surf Life Saving Australia Ltd., *Club Operational Manual*, 1995.

Surf Life Saving Australia Ltd., *Competition Manual*, Lidcombe: J.S. McMillan Printing Group, 1994.

Surf Life Saving Australia Ltd., *National Junior Activities Coaches Instructors Resource Guide*,

Surf Life Saving Australia Ltd., *Policy Statements*, 1993.

Surf Life Saving Australia Ltd., *Surf Life Saving Coaching Manual*, 1988.

Surf Life Saving Australia Ltd., *Surf Lifesaving Training Manual 1995*.

Surf Life Saving Australia Ltd., *Surf Survival - The Complete Guide to Ocean Safety-*, 1991.

Wilson, J., *Australian Surfing and Surf Life Saving*, Sydney: Rigby Ltd., 1979.

著者略歴

千原英之進（1）
ちはらえいのしん

1924年　神戸生まれ，満州国立大学卒，明治学院大学文学部社会学科卒
現在　日本体育大学名誉教授，明学大講師，防衛庁講師，
　　　日本社会学会，日本社会福祉学会に所属
著書　『現代基礎中国語』*（笠間書院）『図説日本史』*（集団形星）
　　　『社会学提要』（学文社）『ライフセービングと社会福祉』（学文社）など

小峯　力（2.1, 3.1, 4.1, 4.2.1, 4.2.2, 4.2.3, 4.2.4, 5.2, 5.4, 5.5, 6.1）
こみね　つとむ

1963年　横浜生まれ。日本体育大学卒業，同大学院体育学研究科修了
現在　日本ライフセービング協会理事長，中央大学理工学部講師
　　　86年豪州にてライフセービングイグザミナー（検定官）資格を取得。
　　　87年日本体育大学ライフセービング部創設・初代監督，94年日本
　　　ライフセービング協会理事，96年同競技力向上委員会委員長，99
　　　年同教育委員会委員長を経て，02年特定非営利活動法人・同理事
　　　長に就任
著書　1994年「ライフセービング」JLA 学術研究委員会　など

深山元良（2.2, 3.2, 4.2.5, 4.3, 5.1, 5.3, 6.2, 7）
みやまもとよし

1968年　千葉県生まれ。日本体育大学卒業，同大学院体育学研究科修了。
　　　ニューサウスウェールズ大学大学院修了。92年世界大会2km
　　　ビーチラン優勝，95年ニューサウスウェールズ州選手権大会ビー
　　　チフラッグス優勝，日本ライフセービング協会競技委員会委員長
94～95年　マンリーライフセービングクラブに所属
現在　日本工業大学・関東学院大学講師
著書　「オーストラリアにおけるサーフライフセービング」『体育の科
　　　学』1996年　など
　　　『ライフセービングと社会福祉』（学文社）

ライフセービング──歴史と教育

2002年11月31日　第1版第1刷発行

　　　　著　者　千原英之進　他
　　　発行者　田　中　千津子
　　　発行所　㈱　学　文　社
　　　　　　　東京都目黒区下目黒3-6-1

　　郵便番号　153-0064　電話（03）3715-1501（代表）振替　00130-9-98842
　　URL　http://www.gakubunsha.com

乱丁・落丁本は，本社にてお取替致します。　　印刷／新灯印刷株式会社
定価は，カバー，売上カードに表示してあります。〈検印省略〉
© CHIHARA Einoshin 2002. Printed in Japan

ISBN 978-4-7620-1179-5